教师的急救箱

迅速消除你的职业倦怠

[美]珍妮·格兰特·兰金（Jenny Grant Rankin）/著
杨博雅/译

中国人民大学出版社
·北京·

FIRST AID
目录 | FOR
TEACHER BURNOUT

7 大包大揽

》“我是我们学校的‘首席’志愿者”

8 合作

》“对不起，我更喜欢独自工作”

9 乏味

》“我的工作真的很枯燥、很乏味”

第四部分

有用的工具和流程

10 课程

»“我从零开始创造的东西比玛莎·斯图尔特还多”

11 技术

»“使用电视遥控器就是我最擅长的技术”

第五部分

搭建良好的支持网络

12 行为

»“我被学生欺负或无视”

前　言

本书献给那些想要预防或摆脱职业倦怠，并在工作中寻求可持续发展的在职教师和立志成为教师的人。55% 的美国教师认为他们的工作积极性低，且工作积极性持续下降（National Union of Teachers，2013），40%—50% 的新教师在他们工作的前 5 年内离职，且离职率持续增长（Ingersoll，2012），每年都有 50 万教师离开这个行业（Seidel，2014）。在接下来的章节中，我们会提供更多的统计数据。《韦氏词典》甚至在解释如何使用“倦怠”一词的例子中提到了教师。可见，教师的职业倦怠是一种国际通病。

令人意外的是，目前市面上并没有结合专业需求，明确地告诉教师如何避免或修复职业倦怠的书。现有的图书要么只关注心态（比如，怎样以更积极的态度对待高强度工作），只分享故事但无具体策略；要么并没有专门针对教师这一职业（比如，涵盖多种职业而不仅仅是教师）。

与之相反，本书专门针对教师群体，帮助他们解决在特定工作中遇到的具体的、诱发职业倦怠的问题。本书确实有助于改善心态，但主要聚焦于外部因素，帮助读者解决问题（比如，减少工作量的简单步骤——如何实施更高效的评分方法和省时技术，以减轻导致职业倦怠的压力）。本书详细介绍了具体的、切实可行的策略。教师可以运用这些策略来缓解诱发职业倦怠的主要问题，并在工作中实现可持续发展。

作者将大量研究结果、自己的经验（她曾是一位多次获奖的教师，拥有指导教师的丰富经验）、成功教师的事例和技巧以及思考练习融入本书，甚至加入了一点儿诙谐元素。这里的“诙谐”，不是对职业倦怠这一严肃问题的轻视，而是让读者在备感疲惫的日子里，得到一丝舒缓。

※ 读者

本书主要供大多数国家 K–12（译注：K–12 指学前教育至高中教育）阶段的两类教师使用：

- 在职教师（大部分教师已产生不同程度的职业倦怠，其余教师仍然需要预防职业倦怠的发生）
- 立志成为教师的人（他们目前还没有自己的教室，但正在学习教学，并希望预防职业倦怠）

高校教师（他们的学生将会成为 K–12 教师）可以将本书作为课程资源并发给学生。学校和地区的管理者也可能对本书感兴趣，通过阅读本书，他们可以给予教师更有力的支持。

※ 目的和用途

本书的目的在于把教师从职业倦怠中解救出来，并帮助他们以可持续的方式在工作中获得成功。该书可独自阅读，也可用于高校课堂，还可用于地区、学校以及教研组共读。每章末尾的思考练习适用于以上各类情况。

本书通俗易懂，可操作性强，也非常适合教师专业发展培训。例如，可以把思考练习作为讨论主题，让参与者将自己的困惑与建议措施及其他参与者的反馈联系起来。读者也可以通过本书提供的链接，找到自我评估工具，对自己的成长进行评估。

※ 本书的编排结构

本书主要介绍心态、环境、过度刺激、评分、工作量、大包大揽、合作、乏味、课程、技术、行为、管理和社区关系。这些内容又被分成不同的主题，比如，“做好准备”“摆脱不必要的琐事”“有用的工具和流程”以及“搭建良好的支持网络”。

本书对具体策略做清单式呈现，在每章末尾设置思考练习（也适用于小组讨论），均旨在让读者将其直接应用于实践。那些幽默和励志语录，将增加本书对忙碌教师的吸引力。独立阅读的教育工作者可以基于个人的需求有选择地阅读章节（每章均讨论一个特定的问题）。

为帮助读者更好地理解内容，作者采用了各种有特色的呈现方式。比如，列举表格、清单、网页链接（免费资源、自我测试等），引用不同教师的自白开启每章（出于对教师隐私的尊重，已使用化名），精选了一些励志语录、幽默语录和笑话等。

第一部分

导论

1 救援即将来临

每次我和年幼的女儿一起搭乘飞机，乘务员总是提醒我：如遇紧急状况，请首先戴好自己的氧气面罩，再给孩子戴上。如果飞机在水上迫降，请遵循同样的建议：在把女儿救出水面之前，我需要防止自己溺水。这样的建议符合孩子的最佳利益。因为我只有自己生存下来才能去照顾她，这是她能得以幸存的基础。

职业倦怠的定义

《韦氏词典》(2015)将职业倦怠定义为：

- “在长期从事高难度的工作后，人身心疲惫的状态。”

同时辅以以下例句：

- “教学工作压力非常大，很多教师都遭受职业倦怠的困扰。”
- “教师职业倦怠率”

连《韦氏词典》上都说教师是职业倦怠的高发人群。

我当过老师，教过1000多名学生，我就像对待自己的孩子一样对待学生。那时从来没有人告诉我：“请首先照顾好你自己，否则你的学生将会失去你以及你所能提供的一切。”然而这条建议对老师来说是真理。随着时间的推移，那些经历职业倦怠的人完成的工作越来越少，丧失了做出足以产生影响的贡献的能力（Schaufeli，Leiter，& Maslach，2009）。你需要照顾好你自己，这不仅仅是为了你，也是为了你的学生。

※ 并不是只有你这样

大多数教师曾在职业生涯的某一时刻想过放弃（Rauhala，2015）。如果你想成为一名教师，那阅读这本书就再明智不过了，它可以帮助你预防职业倦怠。如果你已经是一位教师，感到不堪重负，别担心，并不是只有你一个人处于这种状况。看看下列关于教师职业倦怠的统计数据，很明显，教师职业倦怠已经成为一种全球性“流行病”。

教师职业倦怠统计数据

- 只有 39% 的美国教师对工作非常满意（这是 25 年以来的最低值），48% 的美国教师觉得他们经常处于巨大的压力之中（Metropolitan Life Insurance Company, 2013）。
- 美国教师联合会对 30000 多名教师进行了调查（American Federation of Teachers，2015）。调查结果显示，100% 的教师“认可”或“非常认可”他们在刚成为教师时对这个职业满怀热情。然而现阶段（在接受这次调查时），只有 53% 的教师认可他们对教师职业保持同样的热情，“非常认可”的教师所占比例从 89% 跌至 15%。同样，73% 的教师认为他们“经常”处在压力之中。
- 55% 的美国教师认为他们的工作积极性低或非常低，69% 的美国教师认为他们的工作积极性下降了（National Union

of Teachers，2013）。

- 教师在有限的时间里有太多的事情要做（Staff and Wire Services Report，2013）。
- 英国教育工作者健康调查显示，91% 的教师在过去的两年间遭受了压力，74% 的教师感到焦虑；91% 的教师认为工作量过大是重要原因（与 6 年前相比增长了 13%；Stanley，2014）。
- 超过 41% 的教师在他们职业生涯的前 5 年内离职，教师离职率在过去 20 年里增长了 41%（Ingersoll，Merrill，& Stuckey，2014）。这验证了英格索尔的著名预言（2012），即 40%—50% 的新教师会在他们工作的前 5 年内离职。
- 每年有 15% 的美国教师（约 50 万）离开教师岗位。极其贫穷的学校的这一比率比有稳定经济来源的学校高 50%（Seidel，2014）。
- 职业初期教师的流失，每年会给美国带来高达 22 亿美元的经济损失（Haynes，2014）。
- 职业倦怠是一种全球性“流行病”。关于教师职业倦怠的研究层出不穷。不同地区的研究者都注意到了该问题的存在及影响。例如，在印度有将近一半的教师遭遇了职业倦怠（Shukla & Trivedi，2008）；约旦南部的教师，无论男女，有一半遭受了与职业倦怠相关的情绪耗竭（Alkhateeb，Kraishan，& Salah，2015）。
- 一项对 10 多万名教师的调查显示，与许多国家的教师相比，美国教师所教班级规模更大，工作时间更长，用于规划和合作的时间更少（Darling-Hammond, 2014）。
- 工作出色的教师往往在不可持续的条件下工作，例如，每周工作 60 小时，压力持续不断，资源匮乏，缺少支持或时间等（Herman, 2014）。

- 在具有挑战性的学校里，对教师的工作要求以及达到该要求需要承受的工作强度很难让教师坚持超过 3 年（Riggs，2013）。
- 新教师项目（The New Teacher Project）报告说，美国最优秀的教师中，有近 66% 的教师不断离开教师岗位，从事其他行业（Chartock & Wiener，2014）。
- 即使是充满激情的教师，在严苛的环境中工作，也会身心疲惫，且难以应对，这甚至会影响到他的态度，让他和学生整天在一起工作变得困难（Neufeldnov，2014）。
- 成为一名高效能教师可能是我们这个社会最难的工作（Glasser，1992）。

很多人认为，职业倦怠是良好教学不可避免的结果。例如，在“没有借口”的学校里，那些充满激情、心怀理想主义的教师加班加点来帮助学困生，而他们通常会在工作几年后离职（Neufeldnov, 2014）。这本书则提供了另一种选择。

问：换灯泡需要几位老师？

答：一位！但前提是，这位老师没有在灯泡烧坏之前倦怠。

（译注：在英语中，“burn out”既有“烧坏”的意思，又有“倦怠”的意思。）

从问题根源入手

教师产生职业倦怠的原因可能各不相同，但有一些共同点。幸运的是，无论你准备当教师还是已经成为教师，你都可以做很多事情来预防职业倦怠或者从职业倦怠中恢复过来。

对可能给你带来工作压力的主要因素，本书会开辟专章进行说明，并给出简明的、可操作的策略来帮你避免或减轻压力。这些策略基于研究和资深教师的建议。当造成你不堪重负的因素不受你的控制时，比如工作时间太长，采用一些方法，你就可以改变状况。

职业倦怠自我评估

如果你不能确定自己是否正在遭遇职业倦怠，你可以使用下列免费的自我评估表进行评估。

- http://www.tolerance.org/sites/default/files/general/Teaching%20Tolerance%2051%20ED%20Cafe.pdf

无论你现在已经站在讲台上，还是正在努力获得教职，本书会帮你突破那些让你感到心力交瘁的职业难题。然而，对一个行走在艰难的教学道路上因而改变宝贵生命的教师来说，在工作中仅有平淡的经历是不值得的。

这本书将在以下几个方面给你提供帮助：

- 让你每天到学校时都活力满满。
- 让你享受同事之间的友情及支持。
- 当你看到学生茁壮成长时，知道你正在让世界变得更美好。

美国西北评估协会（Northwest Evaluation Association，2014）调查发现，90% 的学生认为老师关心他们的学业。比尔及梅琳达·盖茨基金会（Bill and Melinda Gates Foundation，2014）调查发现，85% 的老师说，他们之所

> 无论在拳击场内还是场外，倒下不是错，若一蹶不振便是错。
>
> ——拳王阿里

以想要成为老师，是因为他们想对学生的生活产生一定的影响。如果没有职业倦怠的困扰，你当然可以有所作为。采用这本书中的策略，享受你的职业生活吧。

第二部分

做好准备

2 心态

"在某种程度上，态度决定一切"

教师自白：我过去经常在教师休息室里吃午饭，但之后再也不会了。那里"毒性"太大了。我跟其他老师一起抱怨，喋喋不休，但没有任何解决方案。我听了太多"我们的生源太差了""这些学生根本不学习""科技'毁'了孩子们的大脑，所以他们根本无法集中注意力""如果家长在家里不教育好孩子，那我在学校里也教不好他"之类的话。我并不是对各种需求、学习挑战、不良的电子产品使用习惯、注意力不集中以及糟糕的教养方式所带来的工作压力视而不见。我知道我的同事有一大堆理由抱怨，但我想应对这些挑战，而不只是唠叨。

——赫拉·奈夫（化名）

教师自白：几天前，我听到自己说"我讨厌那个孩子"。他只是个孩子，可是我居然说了我讨厌他。我从来没有如此为自己感到羞愧。我怎么会变得这么冷漠？我想要照顾我的每一个学生。

——德兹·利夫（化名）

在研究教师职业倦怠时，我发现了很多与证据相对立的评论。很多人认为态度是决定教师是否产生职业倦怠的主要因素。本章将提供一些让你拥有积极心态的策略，这将有助于你实施每一章的建议。不过，我首先必须阐明的是，好的心态只是克服职业倦怠的因素之一。

职业倦怠通常是由某人所在组织引起的，而不是由个体引起的(Skovholt & Trotter-Mathison，2011)。当混乱和压力笼罩着你时，要求你“逆来顺受”，并将其作为一个长期策略，这是不人道的，也是无效的。因此，本书将帮助你积极地解决那些导致职业倦怠的问题。换句话说，当你阅读本章时，请注意：

> 千万别为不开心的事浪费任何时间。如果一扇窗户关闭了，跑到另外一扇窗户前，甚至你还可以破门而入。
>
> ——布鲁克·希尔兹（Brooke Shields）

- 心态只是一部分原因。
- 在其他情况下，你也将获得帮助。

教师们会有很多正当理由来抱怨他们的工作，这是不争的事实。然而，还有很多教师热爱他们的工作。热爱教师工作，每天都能体验到幸福感与成就感，这些都是你能做到的。首先要确保你的心态能够适应外界的变化。态度也许不决定一切，但毫无疑问是很重要的因素。

※ 避开“有毒”的陷阱

职业倦怠的主要危害之一是那些消极的同事（包括消极的上司）的存在，而这些利益相关者的玩世不恭和消极情绪，会像传染病一样蔓延(Skovholt & Trotter-Mathison，2011)。在本章教师的自白里，赫拉·奈夫在教师休息室里受到了消极情绪的影响，德兹·利夫则在与内心的消极想法作斗争。

> 不要因为别人的无视而泯灭你的光芒，让他们戴好太阳镜。
>
> ——女神卡卡（Lady Gaga）

一些消极情绪的罪魁祸首甚

至可能是你亲密的朋友。以下策略可以帮助教师避免这种“有毒”的对话。根据你的实际情况，选择合适的策略。

远离爱发牢骚的同事。面对消极情绪时，试图保持乐观既费时又费力。教育家、作家安奈特·布鲁肖（Annette Breaux，2015）建议，当一个消极的同事试图让你陷入困境时，你可以声称自己要去其他地方，比如洗手间。

如果你遇到下面这种同事，你可能需要避免接触或转移话题。

- 他经常把课堂上的问题归咎于管理部门、家长和学生。
- 他似乎已经“放弃”了让这份工作变得有价值。
- 他是一个令人扫兴的人，遇到事情往往看到消极的一面，而看不到积极的一面。
- 他无法控制自己的脾气。
- 他总把时间花在抱怨上，而不是解决问题上。

避免去那些容易出现消极谈话的地方。比如，有时待在教师休息室里弊大于利。当然，最好别孤立自己，可以约一些对你有积极影响的教师，定期在教室里用餐并交流。

提出解决方案。当一个同事向你抱怨的时候，首先肯定他们（比如，“这确实太让人感到沮丧了”“我也遇到过”）。接下来可以提供一些建设性的想法（比如，“我觉得……很有用”“我想……应该可以帮到你”“你一定很想聊一聊……”）。每一位教师都会影响学校文化，你需要助力校园文化建设，改变自己的心态，甚至帮助同事找到解决问题的方法。

分享你为避免职业倦怠做出的努力。如果那个消极的同事是你依然想要保持密切关系的朋友，可以跟他说说你是如何努力避免职业倦怠的。和他分享你感受到的积极思考的力量，帮助他调整心态。

如果“有毒”的谈话妨碍协作，请和领导谈谈。如果教职工会议变成了吐槽大会，向你的领导提出，你觉得这很让人泄气。如果年级会议或教研组会议偏离主题，变成了“有毒”的座谈会，告诉年级组长或教研主任，你觉得这很让人沮丧。

确定职业倦怠的诱因。如果你在午餐后感觉特别疲惫，好好想想这段时间自己是怎么度过的以及做了什么。如果第六节课是最具挑战性的，那么首先应该将这本书中的职业倦怠急救措施用于这个课时。如果和校长谈话会让你更难过，那么暂时忘记这本书中的建议，晚一点儿再与他联系。诱因迫使我们进入生存模式，在这种模式下我们效率低下，而确定诱因可以帮助我们抵抗它们造成的影响（Schwartz，2010）。

※ 修正“有毒”的思维

广泛的研究表明，你的观点会对你的行为和所取得的结果产生深远的影响（Dweck，2007）。比如，那些善于积极思考、避免消极思考的护士，可以有效地预防和缓解职业倦怠（Espeland，2006）。这同样适用于教师，因为教书育人这项工作也很辛苦，也需要关心他人。那些尽管遇到很多困难，继续从事教学工作的教师，有一个共同点，即他们始终对自己在社会、社区、学生的生活中扮演的角色充满希望（Nieto，2015）。

以下策略可以帮助你避免“有毒”的思维，你可以结合实际情况选择合适的策略。

不把时间和精力浪费在思考你无法控制的事情上。比如，在本章的“教师自白”里，赫拉·奈夫老师承认，学生在家中使用电子产品的习惯会对他们的注意力持续时间产生影响。作为教师，你没法直接控制学生在家里看电视的时间。所以，耗费时间和精力思考这样的问题并不值得。在这种情况下，把你的关注点放在调整你的课程使其更具吸引力上，或其他项目上，也许更值得。

了解成长型思维。你可以阅读斯坦福大学心理学家卡罗尔·德韦克

（Carol Dweck）的相关研究或著作（例如，Dweck，2007）。成长型思维将帮助你更好地应对挑战，超越自我。教育工作者不仅能从成长型思维中受益，而且可以为学生树立成长型思维的榜样。具备成长型思维的学生，通常在学校里拥有更强的学习动机，在学业上会获得更大的成功，而且在学业测试中分数更高（Dweck，2007）。

成长型思维的定义

成长型思维认为智慧和才能是可以发展的（而不是固定的），并且一再被证明可以带来学业上的成功。

找到健康的途径来发泄。通过健康的途径来发泄可以帮助你预防职业倦怠（Skovholt & Trotter-Mathison，2011）。向那些友好的同事分享你的挣扎和挫折，可以打破教师孤立，甚至改善最糟糕的一天的教学状态（Rauhala，2015）。向那些能感同身受并会鼓励你克服困难的人分享你的挫败感。换言之，发泄工作中的怨气，与沉溺于消极情绪或否定自己拥有改变的力量是完全不同的。

把你的挫折记录下来。斯科夫霍尔特（Skovholt）和特罗特－马西森（Trotter–Mathison）研究（2011）发现，通过写作释放消极情绪可以帮助从业者预防职业倦怠。写作还有一个额外的好处，就是你可以在中途休息一下，也许是当你因为太沮丧而想不出解决方案时，你可以在感觉不那么生气并且更加愿意解决问题时重新审视你的文字。

试一下“交换”游戏。有消极想法很正常（我们都是凡人），只要不被消极想法困住就好。高中艺术教师克里斯蒂娜·弗里德里克（Christine Friedrich）每次一有消极想法，就会马上让自己停下来，去想两件发生在教室里的积极的事情。当你发现自己为一个消极想法而烦恼时，可以尝试用一个更有建设性的想法来代替它（见表 2.1）。

表 2.1 转换思维示例

非建设性思维	建设性思维
我的学生就是不会学习或成长。	每一个学生都会学习和成长。
家长们从来不关心他们的孩子及其教育。	家长们一般都非常关心自己的孩子，而且希望他们能成功。
我永远都不可能成为一名高效能教师。	我可以成为一名高效能教师。
我的学生（或我）在通往成功的路上，都会面临很多障碍。	每一个障碍都可以克服。

如果你觉得这样做过于麻烦，每次出现消极想法时，你就可以简单使用表 2.1 最后一行中的“每一个障碍都可以克服”或其他格言来激励自己。你越是重复这样的心理训练，它就越有可能自动发生（Schwartz，2010）。

> 人生要成功，有三样东西不可缺少：愿望、毅力和幽默。
>
> ——瑞芭 · 麦肯泰尔（Reba McEntire）

找机会笑一笑。在你的教学中适当加入一些幽默元素（积极的、非嘲讽的），或者在课间上网看看那些每日笑话（比如，K–12 教师联盟，www. teachhub. com/teacher-joke-day）。研究发现，运用幽默可以预防和缓解医护人员的职业倦怠（Demir，Ulusoy，& Ulusoy，2003；Puig et al.，2012）。

※ 养成健康的习惯

你如何对待自己的身体和你的心理感受之间有明确的联系。以下策略对你的健康和心态都会产生正面的影响。请结合你自身的情况运用以下策略。

> 我对健身房（gym）一无所知，我叫它詹姆斯（James）。
>
> ——齐 · 麦克布赖德（Chi McBride）

锻炼。锻炼具有以下作用。

- 提升执行功能。比如，能够制定策略，忽视干扰，管理和切换任务（Guiney & Machado，2013）。
- 用一种持久的方式缓解焦虑（Smith，2013）。
- 缓解抑郁。在某些情况下，锻炼与治疗或抗抑郁药物具有同等效用（Cooney et al.，2013）。
- 实际上它可以改造大脑，使其更好地抵抗压力（Schoenfeld，Rada，Pieruzzini，Hsueh，& Gould，2013）。

有些教师会在午休时间一起散步，这样可以放松一下。

建立健康的惯例。你以精确的方式、在固定的时间执行惯例时，效果最佳；随着时间的推移，这会让你付出更少的精力或有意识的努力(Schwartz，2010)。寻找有助于你处理已经发生的事件或为即将发生的事件做准备的惯例。比如，每天早上你碰到教室的门把手的时候，深呼吸，然后提醒自己教书的初心，以及成长比完美更重要。

大量研究结果强调感恩的力量，因此，请每天回忆一下你收到的祝福。如果你感到倦怠，要想到未来的日子一定会更好，因为你正在采取积极的措施去实现它。

> 感谢你所拥有的，最终你将会拥有更多。
>
> ——奥普拉·温弗瑞（Oprah Winfrey）

保证充足的睡眠。睡眠比其他任何行为更能影响我们做事的效率，充足的睡眠可以让我们变得更健康、更快乐 (Schwartz，2010)。要保证每天拥有 7—9 个小时的睡眠时间（根据你的具体情况）。如果你通常需要一个小时才能入睡，那就再多加一个小时。

勤洗手，多做户外活动。由身体衰弱导致的职业倦怠甚至更难以避免。孩子们没有大人那么讲究卫生，学校里充满了细菌。康涅狄格大学对11年的数据进行了研究。结果表明，由传染性疾病、糟糕的空气质量、老旧建筑材料（比如，铅、石棉）引起免疫力疾病而导致死亡的比率，教师行业是其他行业的两倍（Delisio，2015）。

> 如果头痛，请按照药瓶上的指示服用两片阿司匹林并“远离”儿童。
>
> ——罗丝安妮·巴尔（Roseanne Barr）

多找一些机会（比如，午休时间）去户外活动一下。如果教室有窗户，在暖和的时候把窗户开着；选天气好的日子，带学生到外面的草坪上进行小组讨论。要养成洗手的习惯（最起码要用洗手液）。如果你生病了，那就赶快请病假。

用健康的奖励取代情绪化的饮食。不良的饮食习惯会让你感到疲乏和自尊心受挫。很多教师想要养护或犒劳自己，通常会吃撑或吃不健康的食物。你在工作中不断地给予，却感受不到应有的回报时，想要暴饮暴食或吃垃圾食品的冲动可能会非常强烈。

当取得更好的结果时，要给自己常态化的奖励。比如，在一周结束的时候去买自己期盼了很久的东西。又如，用一杯自己泡的茶开启全新的一天。再如，在上下班的路上听一本能给你带来欢愉的有声书。用健康的蛋白质开启全新的一天。如果节食对你来说是个大难题，可以考虑加入同事互助小组，以获得更多支持。

我的同事们曾经模仿电视节目，举办过一个“超级减肥王”的比赛。教师们每周都会与负责这项比赛的那个同事私下称重，后者会告诉我们三个人（比赛的“奖品监督者”）每周的获胜者是谁，这样我们就可以给获胜者一些惊喜（比如，接下来的一周里这位教师的课后辅导工作可能会由我们来代替）。在学年结束时，减重最多的教师

> 我的治疗师告诉我，获得内心平静的方法就是做事情有始有终。到现在为止，我已经吃完了两包巧克力豆和一块巧克力蛋糕。我感觉好了很多。
>
> ——戴夫·巴里（Dave Barry）

赢得了所有奖金。然而，最大的胜利是全体教职工对健康的关注以及他们在这个过程中互相给予的支持。

多听音乐。研究表明，鼓舞人心的音乐可以刺激不同的生物神经系统，进而改善情绪，激励自己，提高洞察力，甚至创造出自我实现的预言（Bergland，2012）。制作一张唱片或一个播放列表，这将激励你经常听音乐。在本书的电子资源中你可以找到关于选择音乐的一些建议。

〔思考练习〕

以下题目可以单独回答，也可以分组讨论。如果你只是准备成为教师（与在职教师不同），那么在提供的电子资源里，你可以找到专门为你准备的练习。

1. 想一想，你的哪些同事过于消极？你会采取什么策略来避开（或影响）他们的消极情绪？

____

____

____

2. 你的职业倦怠的诱因是什么？你已经采用了哪些策略来缓解职业倦怠？看完整本书后，请你回到这里继续补充你学习到的更多策略。

____

____

____

3. 你经常会有哪些消极想法？你将尝试用哪些更积极的想法来替代它们？

________________ ⟶ ________________

________________ ⟶ ________________

________________ ⟶ ________________

________________ ⟶ ________________

4. 你会选择哪些健康的途径来发泄负面情绪？请考虑发泄对象和发泄方式等。

____

____

____

5. 你有哪些不健康的习惯？你会使用哪些健康的习惯来替代它们？

________________ ⟶ ________________

________________ ⟶ ________________

________________ ⟶ ________________

________________ ⟶ ________________

3 环境
“我的教室看上去不像一个教书的地方”

教师自白：当其他人参观我的教室时，我都会说“这叫乱中有序”。事实上，这早就失控了。为了放置一堆资料，我要挪动另一堆资料以腾出空间。在这些混乱的资料里我经常找不到东西。我知道我需要整理这些资料，但一想到这个我就头疼。

——奥斯（化名）

教师自白：我经常保持教室整洁。我无意冒犯，但它并没有让我和孩子们有“家”的感觉。

——埃拉（化名）

很多教师没有意识到教室的重要性，奥斯和埃拉只是其中的两个代表。想一想，你的教室是否具有以下特征。

- 房间看上去很杂乱。
- 墙报/挂图太幼稚或过时。
- 教室空间让人有些压抑。
- 你总是找不到东西，或者需要花很长时间找东西。
- 你很久没有更换墙上的大部分东西了。

- 教室的布置不适合你想和学生开展的一些活动。
- 这间教室不能促进学生的学业提升和行为发展。

如果你的教室具有上述任何一个特征，那就到做改变的时候了。

丰富你所处的环境可以使你的智力提高25%（OWP/P Cannon Design & Mau，2010）。你和你的学生都会因此受益。一项针对英国153间教室里的3766名学生的研究显示，一个学生的年度进步，其中16%可归功于教室设计的简单改变（Barrett，Zhang，Davies，& Barrett，2015）。

考虑到你的工作压力，任何让你感到更舒适和让你的工作变得更轻松的事情都值得尝试。解决方法之一就是把你的教室整理好，这就涉及如何让这间教室最好地满足你和学生的需求。你也需要采取一些措施来维持教室的新面貌。

※ 让你的计划可行

在教师人数有限的情况下，对教室进行全面整顿需要花费很多时间。以下策略可以让这项计划更可行。你可以根据实际情况选择合适的策略。

挤出时间。从取消一些你计划去做的事情（比如，批改一些不是那么重要的作业），或调整计划（比如，邀请同事在你的教室里用午餐而不是去平常吃饭的地方，这样你可以边聊天边整理教室）开始，这样你就不再需要花额外的时间打扫教室。

> 完成杰出的事需要两样东西：计划以及不够充足的时间。
>
> ——伦纳德·伯恩斯坦（Leonard Bernstein）

寻求帮助。寻求援手可以帮助你节省时间和精力，因此你可以去找一些乐意在课余时间帮助你的学生。很多学生喜欢装饰房间，学生在帮助你的时候，你要表扬他们。他们会很开心，你也会很开心，（在新装饰的教室里）整个班级将会感觉更好。

学校保管员也会很乐意帮助你搬东西或者挂东西，尤其是如果你对他们的帮助表示感谢。尽管你的教师同事也可以帮助你，但你可以先去找那些不太可能遭遇职业倦怠的人帮忙。

别忘了制订计划。从长远来看，好的计划可以帮你节约很多时间。考虑一下你需要哪些东西（比如，梯子、卷尺、图钉、订书机、胶带、从保管员那里可以借到的大号垃圾袋和垃圾桶等），在重新装饰教室前，你要把一切都准备好。

同时，花一点儿时间环顾四周，想象一下教室重新布置之后的景象（比如，如果我放一台作业扫描仪在这里，学生如何走到这边来交作业）。然后就按照相应的计划行动起来。

※ 改善你所处的环境

> 我喜欢秩序，它让我头脑混乱。
>
> ——德怀特·约卡姆（Dwight Yoakam）

如果你周围的环境看上去混乱无序，你可能会有失控的感觉。如果一整天有很多令人头疼的事情发生，你很有可能会因为没有一些得当的方法去处理这些事而被压得喘不过气来。

以下策略可以帮助你改善周围的环境，让你获得冷静和积极的心态。根据你的实际情况选择合适的策略。

清理和净化环境。普林斯顿大学的研究者发现，杂乱的工作环境会限制你的专注力和处理信息的能力，降低你的工作效率，让你更加容易发怒（McMains & Kastner，2011）。对学生来说，清除杂物已经被证明可以提高他们的学习成绩，增加其学习时间（Morrison，2015）。

评估一下教室里的哪些物品对学生的帮助最大，然后清除其他不重要的物品。把那些你不再需要的物品和视觉资料送给新老师（刚开始教书时，我就是这样获得我所有的东西的）。

让教室焕然一新。在公告栏里贴上新海报，重新摆放桌椅，喷些空气清新剂，增添一些让人愉悦的物品，比如植物或色彩丰富的抱枕，想出一个很酷的装饰方案等。

预备紧急课程。有时尽管你尽了最大努力，还是无法如期完成备课（或许一不小心睡着了）。为了避免压力和慌张，你可以预备一些有意思的课程，这样在你来不及完成备课的时候可以用上。

师：我好像把教案错放在我办公桌上的资料里了。

生：这节课是关于什么的?

师：关于如何让你们这些孩子做事更有条理。

保持教室明亮。巴雷特（Barrett）等学者（2015）的一项研究表明，自然的感觉（比如，自然光，每小时通风一次，凉爽但很舒服的温度）是教室设计需要考虑的重要因素，其中源源不断的自然光最为重要。如果你为了有更多的展示空间，或为了避免学生分心，而用厚纸片或墙报把窗户遮住了，请移开它们。如果有窗帘或百叶窗，记得将它们打开。

贴上励志格言。选一些鼓舞人心的格言贴在你每天都能看到的地方（比如，洗手间的镜子上，笔记本电脑上，教室的墙壁上）。考虑一下，把你的密码也换成格言。

在网上搜索“与成长型思维相关的格言”，你就可以找到很多这样的语录。如果你觉得还不够，你或许可以用这本书电子资源里提供的感恩教师的名言警句。赫芬顿邮报（Huffington Post）对1000名美国成年人进行了问卷调查。调查结果显示，52%的人认为教师没有得到应有的欣赏和感谢（YouGov，2015）。

密码小贴士

你可以把经常用的密码（例如，你每天登录电脑的密码）设置成鼓励或提醒自己的密码。这些话语会逐渐刻在你的日常生活中。例如，教师可以采用以下密码来提醒自己：

- ÷&Conquer（devide and conquer，分而治之）
- >obstacle（greater than obstacle，超越障碍）
- +Mindset（growth mindset，成长型思维）
- 1day@aTime（one day at a time，一步一个脚印）
- 4getH8rs（forget haters，忘记仇人）
- 6cess!（success，成功）
- ask4help（ask for help，寻求帮助）
- cre8peace（create peace，创造和平）
- D5lim8s（defy limits，挑战极限）
- deleg8（delegate，委派）
- ElimN8（eliminate，排除）
- grati2d（gratitude，感恩）
- Ir0ck（I rock，我太厉害了）
- Iwillsur5（I will survive，我会撑过去的）
- justsAn0（just say no，直接说“不”）
- never2L8（never too late，永远不晚）
- skip1thing（skip one thing，跳过一件事）
- st8rue2self（stay true to self，保持真实自我）
- SerN!T（serenity，宁静）
- KRPDM（carpe diem，及时行乐）
- U=OvrCmr（you are an overcomer，你是胜利者）
- UcanDo!t（you can do it，你可以的）

以上密码都至少包含了一个数字或特殊字符，以确保安全性。请注意，密码要求在可接受的长度和字符类型方面可能有所不同。

巧用颜色。多项研究结果表明，特定的颜色对教学活动有一定的影响，比如，冷黄色有助于学习，而蓝色能促进团队合作（Morrison, 2015）。你可以根据本书电子资源中的颜色表格和指导来搭配教室中的颜色。

把证明你影响力的东西放在你的周围。在我的教室里，我将办公桌旁边的公告栏起名为“爱的公告栏”，上面贴满了很多学生送给我的画以及写给我的暖心便条。学生很喜欢我把这些东西贴到这里，这也时刻提醒着我们彼此相亲相爱的关系。如果你有一张显示你们班为地区筹款活动筹款最多的图表，或者学生参加科学博览会的照片，将它们贴到显眼的地方。研究表明，品味那些你为学生的生活带来改变的小胜利可以防止职业倦怠。

※ 重新布置教室，为学习提供支持

不管一些教师如何坚定地认为他们的教室布置是最好的，你要相信自己的教室布置方案是独特的。按照最适合你的方式布置教室可以缓解压力，并让你的工作变得更加轻松。

以下策略可以帮助你选择一个最大限制满足你和学生的需求的教室布置方案。你可以根据实际情况选择合适的策略。

促进合作学习。如果教室布置不适当，合作学习将是一件劳神费力的事情。传统的排式座位似乎在大喊：“这堂课肯定很无聊，因为这间教室的布置就像 1890 年的样子。”采用一个更有利于增强学习效果的布置方案，比如说鼓励学生交流互动。我当老师时做过的最棒的决定之一，就是将教室里的座位摆成大大的U字形（见图3.1）。

学生这样坐着，很容易分组，我们可以利用教室的中间区域来做教学游戏等。我把接下来会提到的标签和分组策略与座位安排结合起来使用。

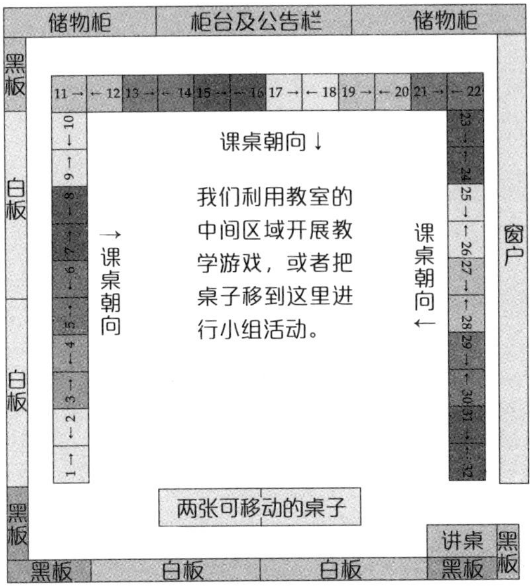

图3.1　教室布置示例

促进差异化教学。对教师而言，差异化教学有令人生畏的一面。幸运的是，如果教室的布置有利于快捷地对学生进行分组，满足学生不同的需求会变得更加容易。甚至你可以用贴标签的方法来帮助你达成这一目标。

现成的贴标签方法

注意观察教室平面布置图里的数字和箭头（见图3.1）。它们代表我贴在每张课桌上的标签。这些标签适用于几乎任何一间教室的布置（比如，你不一定要和我一样把桌子摆成U字形）。请注意要将每张课桌上的标签明确地指向另一个组员的课桌。

按以下三个步骤来布置。

1. 从这本书的电子资源中找到彩色的课桌标签。用空白的符合规格的纸（就如那些文具店出售的标签打印纸）彩色打印。你只需要少量标签纸，学校办公室或许就可以提供给你。

2. 在课桌上贴不同的标签，每一张标签都明确地指向另一个组员的课桌。

3. 根据学生的基本信息和最新的成绩单制作出一个座位表（比如，让一个英语成绩有待提高的学生和一个英语成绩较好的学生坐在一起，以获得同伴支持；将学困生安排在前排，这样，他们可以得到教师更多的关注，获得更多的帮助；等等）。将方案 A 和方案 B 调换，以防学生将特定的颜色或数字和具体表现联系在一起。根据最新的成绩单排座位可以避免把学生困在一个类别里。

方案 A

标签	学生的座位安排
偶数	学优生（适当组合）
奇数	学困生（适当组合）

方案 B

标签	学生的座位安排
偶数	学困生（适当组合）
奇数	学优生（适当组合）

上课时，你可以轻松、恰当地给学生分组（比如，做教学游戏时，开展教学活动时，布置作业时，小组学习时，等等）。你可以参照表 3.1，采用最适合特定任务的方式来分组。

- 举例：如果我想让学生进行小组合作学习，分 8 个小组，每组由 4 个需求类似的学生组成（不同的小组有不同的任务，以满足学生的需求），我会根据表 3.1 倒数第三行的方法来给学生分组。

表 3.1 适用于大约 32 个学生的分组安排，如果班额更大，也可以用标签对学生分组，因此你可以根据班级规模来调整表格。你可以利用学习偏好、兴趣爱好等方面的数据，或根据不同的活动来更换学生的座位。无论哪种情形，你都可以运用标签轻松地对学生分组。

表 3.1　如何根据需要运用标签对学生分组

特征	小组规模	分组标签	示例
将不同水平的学生分为一组，以实现同伴支持	2 人一组，共 16 组	箭头（←和→）	“转向箭头指向的组员。”
各个小组实力相当，这样小组之间可以公平竞争，或者让每个小组成员扮演不一样的角色（比如，每组做一样的项目，但是有一个组长、一个记录员等）	4 人一组，共 8 组	编号 1–4 等（也可用颜色分组）	“编号 1–4 的为一个组，5–8 的为另一个组……”
	8 人一组，共 4 组	颜色（也可用数字分组）	“粉色的分为一组，绿色的分为一组，蓝色的……”
	16 人一组，共 2 组	编号 1–16 等（也可用颜色分组）	“编号 1–16 的为一个组，17–32 的为另一个组……”
将有类似需求或水平大体相同的学生分为一组，以便给他们安排同样的任务、活动、作业，或者让他们得到同样的帮助（比如，第一组的任务比年级水平稍高一些等）	2 人一组，共 16 组	每隔一个数字	“编号 1 和 3 为一个组，2 和 4 为另一个组，5 和 7……”
	4 人一组，共 8 组	颜色 + 偶数 / 奇数	“粉色偶数分为一组，粉色奇数分为一组……”
	8 人一组，共 4 组	颜色 + 偶数 / 奇数 1–16 等	“粉色偶数在教室的这边，粉色奇数在教室的另一边……”
	16 人一组，共 2 组	偶数 / 奇数	“所有偶数编号为一个组，所有奇数编号为另一个组。”

不要忘了移动课桌。不论你选择哪一个布置方案，课桌可能不是固定在地面上的。你和学生可根据需要移动课桌。有的课桌带轮子，这样方便与其他课桌组合。因此，在上课过程中，如果桌椅的布置让你和学生抓狂，将它们移开就好。

如果你被困住，选择一个行之有效的方案。和你的同事、管理人员讨论你拥有什么以及你想要什么。比如，一个拥有一张大办公桌的教师可能想和另外一个教师换一张小办公桌。同样地，一个拥有一间大教室的教师可能想和另一个教师换一间小教室。后者的教室太小，无法按教师的想法摆放课桌。

问：教师和“百战天龙”有什么共同点？（译注:《百战天龙》是一部美剧，剧中的主人公从不带武器，而靠创造性地利用身边的物品来解决问题。）

答：两者都可挂海报，修电脑，用一个小朋友丢的一颗图钉和桌子底下的一块口香糖就可以讲一堂物理课。

学校或地区管理部门或许会为更新教学设备拨款，作为受益者，你可以关注一下这方面的消息。你也可以考虑通过网络寻找一些二手物品，从同事、朋友处获取一些免费或便宜的沙发、桌子、台灯等任何可以让教室看上去特别的东西。

考虑筹集资金。通过一些有创意的方式，你可以筹集到特殊的家具和设备。比如，为了获得创新产品和技术，迈克尔·莫里森（Michael Morrison，2015）利用各种资源，包括得到正在寻找试点来展示其产品的供应商的捐赠。

如果装饰得很糟糕算滔天大罪，那么每一棵树上将挂满尸体！

——西尔维斯特·史泰龙（Sylvester Stallone）

筹资渠道

- “捐赠人选择”（Donors Choose，www.donorschoose.org）是一家慈善网站。在这里，任何教师都可以为特定的请求获得资助。超过 228000 位教师成功地为教室项目筹集到了资金。不要将你的请求归类到“其他”，因为这些请求获得资助的机会最少。
- “教师基金”（Fund for Teachers，www.fundforteachers.org）可以帮助你筹到与专业学习经验相关的资金。比如，你想建立一个混合式教室，但又不知道如何去做。从 2001 年起，该基金已经投入了 2200 万美元，6000 名教师获得了他们自行设计的学习奖学金。

巧用方法

采用一些巧妙的方法，既可以让教室保持整洁，又可以让你和学生做事更有效率。以下策略可以在这方面给你提供一些帮助。根据你的实际情况选择合适的策略。

建立秩序。选一个固定的地方放重要的东西，并将所有东西都贴上标签（在一张便笺上写上字，用透明胶一粘就成了标签）。用收纳盒把容易乱的东西收纳起来（别花不必要的钱，很多鞋盒刚好可以放纸张，学生可以利用课余时间帮你装饰鞋盒）。东西整理好后，易取易放。

寻找让教室更容易保持整洁的方法。你需要花足够多的时间去思考学生和你的日常生活习惯以及物件的摆放等，这有助于保持教室整洁。比如，如果学生开始写随堂作文，把写有学生名字的那面作文纸朝上，放在贴有标签的相应的箱子里，并且让第一批交作文的学生将作文放在课桌上。

用简单、直接的方法训练学生保持教室井然有序。比如，我的每个学生都要在出门前将教室里的垃圾扔掉（学生会到处找需要扔的垃圾，并且他们有主人翁意识，认为自己应该对教室的卫生负责）。那些没有找到垃圾的学生当然可以离开教室，但是要等找到垃圾并且将垃圾扔掉的同学离开后才能离开。

考虑（至少部分）无纸化。如果纸张堆得到处都是，探索一些方法来减少课堂上的用纸量。参见“技术”这一章关于无纸化的小技巧。

不要等到课后再来整理教室。让学生看到你爱护教室是有好处的。当你在教室里来回踱步，帮助学生的时候，你可以顺便将东西放到该放的位置。这不是大扫除时间，但是如果你整天注意整理东西，你就只剩下一些偶尔需要收拾的东西了。

〔思考练习〕

以下问题可以单独回答，也可以分组讨论。

1. 你的教室里什么东西（比如视觉资料）能够最好地支持学生学习？

____

____

____

____

2. 你的教室需要做出什么改变，以便看上去更加舒服、空间利用更好？

____

____

____

3. 利用哪一种教室布置方案能最好地促进教学实践（比如，合作学习、差异化教学等)。

4. 你会选择哪些格言来鼓励自己，你会将它们贴在哪里?

5. 你会在教室里展示你们哪方面的影响力?

6. 描述你用来保持教室整洁、有序和运行顺畅的三种方法。

A.____

B.____

C.____

7. 教室里的哪些东西有用但是很难获得？你将如何获得它们，或者没有这些东西你也能轻松应付？

4 过度刺激

“我的大脑需要一个工会代表”

教师自白：我得时刻“在线”。每天，我一到学校就会发现学生在办公室门口等我。我每天都需要面对学生和家长的“狂轰滥炸”，一大堆事情等我去处理。邮箱里塞满了邮件，我要利用午餐这一小时的时间回复家长和同事的邮件，可还是有新邮件源源不断地发过来。还有各种应用程序也在接收信息，我的手机总是哔哔作响。即使我回到家，这种情况还是一样，再加上孩子和妻子还有事情需要我处理，我的大脑得不到足够的休息，甚至睡不好。

——卢克·亚当·霍赫（化名）

霍赫老师用“狂轰滥炸”这个词恰当地描述了持续不断的、多样化的需求使得教师的心理承受能力达到了极限的情况。虽然技术给我们带来了便利，但这种“猛烈攻击”也因为技术而加剧，越来越多地带有过度刺激的危险。

然而，我们的大脑是需要休息的。不区分信息的轻重缓急，会降低一个人的认知能力和效率（Schwartz，2010）。简而言之，过度刺激并不是好事，它会加剧职业倦息，我们应该尽力避免。

※ 为他人设定界限

如果你不限制别人来找你帮忙的时间和地点，最终可能是你一直在为除了自己以外的每一个人服务。下面这些策略可以帮助你设定健康的界限，让你和你的大脑得到休息。请根据实际情况选择合适的策略。

> 试着偶尔放下手机，看看人们的脸。人们的脸会告诉你令人惊奇的事情。
>
> ——艾米·波勒（Amy Poehler）

利用午餐时间。我以前经常和学生一起度过午休时间，辅助他们完成家庭作业，或者一起闲逛。对学生而言，这是一件很棒的事情（我也享受这样的时光），但这明显加重了我的工作负担和压力。如果我把午餐时间留给自己，我就可以自由支配这些时间。我可以和同事们一起欢笑，分享当天大家遇到的挑战，于是更容易忍受困难了。

特殊教育教师洛丽·斯莫克（Lori Smock）认为，利用午餐时间休息一下，与同事交流想法，听听他人的意见，这是她防止职业倦怠的首要方式。小学教师珍妮特·德雷尔（Jeanette Dreyer）在午餐时间尽量不工作，她认为离开教室与同事们共进午餐是非常重要的。

教师留给自己的时间极少，所以他们需要真正有效地利用这些时间。找一个午餐以外的时间让学生联系你，比如，轮到你在食堂值日的早晨。如果这样不行，那么答应他们，你可以在午餐结束铃响前5分钟进入教室，利用这些时间来快速回答学生的问题，并让学生参考任何适合的资料以获得额外的帮助。

提倡减少电子邮件。如果覆盖全校员工的群邮件给你带来了麻烦（例如，教师给全体员工发送笑话或公告这类并不是每个员工都必须接收的邮件），可要求邮箱管理员实行这样的规定：所有面向全体员工的群邮件在发送之前需要征得邮箱管理员的同意。

有些地方只有邮箱管理员才能用一些快捷方式发送面向所有员工的

群邮件，这样群发邮件的功能就不太可能被滥用。如果每个人都在使用这样的快捷方式群发邮件，你就可以提出上述建议。

如果邮箱管理员无法帮助你，你可以通过创建电子邮件过滤器来减少干扰。例如，对抄送给你的邮件，你可以设置跳过收件箱而将其自动存档。

※ 为自己设定界限

为自己设定界限要比为他人设定界限困难很多。毕竟，除了自己，谁会知道是否越过了界限呢？因此，你需要特别努力地实施这些策略。这能帮助你告诉他人（比如配偶或孩子）你的界限，甚至和他人一起设定界限。

以下策略可以帮助你设置健康的个人界限，从而让你的大脑得到片刻休息。请根据实际情况选择合适的策略。

放下手中的电子设备。记得小时候，并没有哪一种电子设备让你一直抓着不放，你不也活得很好吗？不要让自己长期处在手机、平板电脑或其他小设备发出的哔哔声、嗡嗡声和警报声中，这会影响你的心理健康。你的大脑需要时间去思考、漫游和休息。

确定你被哪些电子设备“奴役”，并对你如何使用它们做出严格的限制。就拿我和我的先生来说，我们变成了手机的俘虏。所以，每天晚上回到家，我们会立即把手机放到厨房的抽屉里。这样，我们就不需要用太强的意志力去刻意控制自己不看手机，如果遇到紧急状况，我们依然能够听到手机铃声。在享受家庭时光时，要把那些特别吸引你的电子设备放在抽屉里，并且大多数夜晚也要把它们放在那里。

> 如果你把工作视为你的一切，那你绝不可能把工作做到一流的水准。
>
> ——安娜·昆德兰（Anna Quindlen）

限制使用社交媒体。社交媒体都是很实用的工具（在这本书里我甚至应该花点儿时间来推广它们）。可是，如果过度使用它们，则像暴饮暴食或吃垃圾食品一样，可能会成为一种恶习。

无论你在哪种设备上使用社交媒体，都会消耗你的时间。你和你的大脑需要更多的时间来自由思考、幻想。这样的安宁时刻，将有助于你解决问题，而且对心理健康至关重要。

在使用社交媒体的时候，你很可能会感到快乐甚至从中获益，但是一定要限制使用。如果你使用过度，请考虑以下提示。

- 把那些可用于访问社交媒体的设备放得离你远远的。
- 删除你设备（例如手机、平板电脑或台式电脑）上的应用程序或访问链接，这样你就不能通过这些设备来登录账号了。
- 重新评估你使用的社交媒体，并考虑是否要终止使用一个账号。例如，如果你从推特上获得了专业发展和乐趣，而你在一个网络论坛上花费的时间更多却收获不大，那就放弃网络论坛吧。

不要把工作带回家。在学校里处理完你的工作（我发现这是本书最难遵循的建议之一）。如果学校的日程表并没有给出明确的工作时间规划，这就尤其困难了。在任何情况下，以下四个小技巧会对你有所帮助。

- 除非这项工作必须在家里完成，否则不要把工作带回家。我也无数次把工作（比如家庭作业、课程计划等）带回家，但其实只是把它们放在我的车上或门边，从来没有动过它们。你不需要在家里看到这些东西，否则它们会让你想到要去工作。在家里你不需要面对这种工作压力。除非有些工作你不得不在家里处理，在学校里就要把工作处理完。同时，要特别留意本书中“评分”和“工作量”两章里列出的策略，这些策略可以帮助你预防工作堆积。

- 如果你必须把工作带回家，那就只带一部分。卡梅伦（Cameron，2014）建议，设定切合实际的目标。例如，如果你每晚只能批阅10—15份试卷，就不要把50份试卷全部带回家，否则你会精疲力竭。
- 利用在校时间做最无趣的事情，把最有趣的事情带回家。例如，我讨厌评分而喜欢写课程计划，我就会在学校里完成评分的任务，然后回家边听音乐边写课程计划，还有狗狗躺在脚边，这样在家里的时间就会变得更加神圣。
- 本书建议你与同事共进午餐从而达到减压的目的，这是一条需要遵循的重要准则。但当你特别落后时，允许自己去打破这条准则。比起下班后错过家庭时光，错过与同事共进午餐没那么糟糕。你可以考虑偶尔妥协，比如，在午餐的时候批阅试卷，你的同事也会那样做。

明确处理工作邮件的时间和地点。电子邮件是与工作相关的最常见的干扰因素之一，我们必须有意识地限制时间；在这段时间里，允许它分散我们的注意力（Schwartz，2010）。例如，每天在指定的时间查看邮件，而非在任何时间查看（最重要的是，要抑制在课堂上想要瞄一眼邮件的冲动）。

社会学家克里斯蒂娜·卡特（Christine Carter）建议，每天只安排不超过5次且每次不超过20分钟来查看和回复邮件，尤其是在开始一个项目之前，千万不要分散注意力（Oumanski，2015）。著名教师维基·戴维斯（Vicki Davis，2014）建议教师每天查看两次邮件，且不要让手机和电脑同步收发学校的邮件，以避免职业倦怠。最后一条建议对提高非工作时间的品质特别有效，这样你就有时间休息和充电。你也可以用这种方法来管理平板电脑（比如iPad）或其他会因电子邮件而对你产生干扰的设备。

在工作之外的时间，你也要对电子邮箱的使用进行限制，比如下班之后或周末不查看邮件。请记得与你的家人或搭档分享这项安排，这将有助于你坚持下去。

在某一时段尽可能专注于一件事情。教师经常被各种事情打扰，尤其是和学生在一起的时候（“老师，我需要你的帮助。”“老师，我需要另一个作业本。”“老师，你为什么要吃阿司匹林？”）。克里斯滕·雷斯（Kristen Race）博士指出，同时处理多项任务会对我们的大脑造成伤害，每次切换任务时我们的大脑必须倒退三到四个步骤重新组织，这会造成压力和低效（Oumanski，2015）。只要有可能，比如，单独工作时，你可以选择去完成一个任务并告诉自己在完成该任务之前不要去做别的事情。尽管如此，你可能还是会被打扰，但你可以避免可控范围内的干扰。比如，你可以关闭邮件提醒（当收到新邮件时，电脑会发出哔哔声），你的办公桌上不要放其他待处理的文件资料等。

选择适合你的教学方式。无论你的个性和偏好如何，总有一种适合你和学生的教学方式。例如，内向型教师可能不喜欢学生在课堂上经常分小组活动，在创客空间里制造混乱，或者其他显得混乱的教学方式（这就像并非每个学生都适合这样的环境一样）。实际上，内向型教师会感受到更多的倦怠和情绪耗竭（Cano-Garcia，Padilla-Muñoz，& Carrasco-Ortiz，2004），这就造成了一些教师慢慢背离了适合大多数学生的授课方式，从而扼杀了很多学生的天性。对这些教师来说，解决方案可以是允许学生进行合作学习，但是要求他们小声交流，就像他们在图书馆里交谈一样。

找到属于自己的生活方式。如果教师在工作之外没有适当减压，他就不太可能进行高质量的教学（Neufeldnov，2014）。当一位教师把所有时间都用于工作时，也就意味着，这位教师可能即将面临职业倦怠。教师们周末就应该抛下工作，回归他们的个人角色，享受生活乐趣（Rauhala，2015）。小学教师珍妮特·德雷尔通过校外人际关系和活动，比如，她加入的宗教团体和个人爱好，来平衡她的生活，以此抵御职业倦怠。

> 我是个守旧的女人，我不相信电子邮件，更喜欢打电话、挂电话。
> ——《欲望都市》女主角卡丽·布拉德肖（由萨拉·杰茜卡·帕克扮演）

当你阅读这个策略时，你可能会有些紧张，并想："可是我工作这么繁忙，根本没有留给自己的时间。"如果是这样的话，请特别留意本书中"摆脱不必要的琐事"这一部分的内容。它会告诉你如何减少工作量，当然，其他章节也会有所补充。

与此同时，你也要对在家里所做的工作做出限制。英语教师丽莎·切丝（Lisa Chesser，2014）建议，教师在家时，要有至少连续三小时的时间不去做课程设计、评分及阅读邮件这样的事情。

要保证不亏待自己，如果私人时间比你所需要的要少，不要勉强接受。只要有能力，你可以不断提高效率并削减需求。记住，你需要时间来照顾家人、朋友和自己。

巧用方法

如果把一些想法、担忧以及待办事项都压在心里，你就很难得到放松和焕发活力。所以，要利用一些方法来记录自己的想法，并将它们集中在合适的地方，稍后再做处理，这样你的大脑就可以得到片刻的休息。

以下策略能帮助你减轻大脑的负担。请根据你的实际情况选择合适的策略。

列出待办事项清单。当太多的思绪萦绕在脑海中，尤其是担心遗忘的时候，你就很难在精神上放松。列出待办事项清单，你就可以摆脱这些烦恼，并且确保不会把重要的事情遗忘。

施瓦茨（Schwartz，2010）指出，议程设置可以帮助我们确定值得关注的信息的优先级，并避免倦怠带来的影响。实际上，著名教师维基·戴维斯（2014）列出的一份时间表和优先等级列表是避免职业倦怠的 12 种方法之一。劳哈拉（Rauhala，2015）列出了一份优先等级列表，你可以完成列表里的前三项任务，这是当你在学校里度过糟糕的一天时，可使用的五种恢复方法之一，劳哈拉还提出“写”这个动作会给人一种控制感。

你的待办事项清单应该有助于你预防职业倦怠，而不能对你产生干扰。你肯定不希望它变成另一种情绪的导火索。为了强化它的积极作用，清单要尽量精简，包括必要条目即可。

当然，你可以用传统的记事本列清单，但更易于操作的技术工具能让清单使用起来更便捷。比如，你可以随时查看清单。随身携带的智能手机上的“备忘录”就非常适合用来列清单。另外，谷歌文档（详见“技术”一章）也是一个理想的选择，因为借助任何能上网的设备你都可以访问它。技术工具也让变更清单中项目的优先顺序（例如移除）变得更容易。如果你精通技术，你还可以使用电子表格对事项进行排序。

与社交媒体不同的是，利用技术工具，你可以更轻松地访问你的清单（并删除条目），因此建议技术工具与设备同步。接下来要讨论的日历具有同样的功能。

> 我爱最后期限。我爱它们飞驰而过时的呼啸声。
>
> ——道格拉斯·亚当斯（Douglas Adams）

坚持使用日历。设置一个清晰的截止日期可以让你的计划行之有效，并避免因突如其来的意外导致的压力。日历是另一种让你不去想那些待办事项，而将其保存在一个你不会感到意外的地方的方式。比如，会议、学校活动、与家长交谈、标准测试和重要事情的截止日期等，教师都可以写在日历中。

同样，技术让日历使用起来更便捷。可以使用一个与所有相关设备和程序同步的在线日历。例如，我既可以在笔记本电脑上使用谷歌日历，又可以通过我的 Gmail 邮箱账户接受邀请来使用该日历，还可以在智能手机上使用它。

许多学区提供具有类似功能的微软 Outlook。应使用与你的所有设备兼容的日历，这样你就可以轻松访问并及时更新。你还可以把约见事宜轻松地添加在日历中。你可以向你所在学校或地区技术部门描述你的需求，让他们推荐最适合你以及你的设备的日历。

充分利用电子邮件功能。大多数电子邮箱可以设置过滤器，这些过滤器会将你不需要的邮件自动归档或存档（类似于删除，但仍然可以查看）。例如，有一个账号天天给你发送你不想看的产品信息，你就可以创建一个过滤器，把这些邮件自动地排除在你的收件箱之外。

〔思考练习〕

以下题目可以单独回答，也可以分组讨论。

1. 哪些时间是你的个人时间，却被他人侵占？描述你将如何设定界限，从而将这段时间还给自己。

____

____

2. 选出三个容易让你分心的事项，并解释你将如何预防它们耗费你过多的时间。

- 设备（智能手机、平板电脑、笔记本电脑等）
- 社交媒体
- 电子邮件
- 工作（回家继续工作）
- 工作时间（占用家庭时光）
- 其他：______________

3. 描述你将如何跟进那些需要完成的待办事项。这种方式对你来说应该是最有效的，即使这需要你提升技术能力和适应程度。

____

____

____

4. 描述你将如何使用日历来跟进那些即将发生的重要事件。这种方式对你来说应该是最有效的，即使你需要提升技术能力和适应程度。

____

____

____

5. 你的工作邮箱中有一些你不想接收的邮件，列出在你的工作邮箱中设置过滤器的步骤。你可能需要求助于他人或上网搜索方法。

A.______________________________

____

B.______________________________

____

C.______________________________

____

第三部分

摆脱不必要的琐事

5 评分

"我的爱好就是评分、评分，不停地评分"

教师自白：我教数学，我无法做到每一天、每一节课上都接触到教室里的每个学生。我必须观察每个学生是如何解决每个数学问题的。因此我对学生家庭作业的反馈变得至关重要——这也是我对每个学生负责的方式。问题是我被堆积如山的作业压得喘不过气来。我不停地评分，但这项工作总是完不成，需要牺牲周末时间才能勉强跟上。当我知道学生们甚至不读我的评语时，我很沮丧。

——马克·N. 瑟斯（化名）

教师自白：光是阅读学生们的作文就已经耗费了大量时间，更别提修正语法和拼写错误，评论写作风格、框架等。实在是有太多事要做。

——阿洛塔·马克斯（化名）

根据美国劳工统计局（U. S. Department of Labor's Bureau of Labor Statistics）的数据（Krantz-Kent，2008）：

- 与其他专业人员相比，教师更有可能平均每天在家继续工作（这个比例，教师为 30%，而其他全职专业人员为 20%）。

- 公立学校的教师将 20% 的工作时间用于评分，这仅次于教学准备的时间（30% 的工作时间）和课堂实际教学的时间（25% 的工作时间）。

20% 的时间，其实是很长的一段时间。根据一项对 10 多万名教师的调查，美国教师平均每周工作 45 小时，全球教师平均每周工作 38 小时（Darling-Hammond，2014）。这相当于每个工作日工作 9 小时，也同样意味着你可能每天花费近 2 小时来评分。如果能把评分的大部分时间节省下来，那么你可能就不会觉得工作那么累，而且不太可能经历职业倦怠。

> 生：老师，你给自己布置了太多“作业”。
> 师：这是什么意思？
> 生：呃，这项作业每个学生只需要 20 分钟就可以完成，但你却需要 5 个小时来评分。

许多人会争辩说，教师每天花 2 小时或更多时间来评分是有必要的。他们可能会反对本书针对评分提出的建议，他们认为最好的情况是，教师对每个学生完成的每项作业都能给出个性化的反馈。是的，对每个学生来说，从每位教师那里得到关于每项作业的高度个性化反馈是非常理想的。但这样做的前提是，每位教师只教一个学生，否则教师可能会被工作压垮。更好的方法是，让教师精力充沛，充满活力，能提供一门吸引所有学生的课程，这样他们从一开始就能正确地运用所学概念。有了一个好的开始，教师就可以利用技术和流程，使个性化反馈更加有效和真实。

> 问：处理税务和评分有什么区别？
> 答：你每年只需要处理一次税务，而且如果美国国税局有异议，他们不会投诉到你的校长那里。

※ 质疑你对评分的看法

你可能很难放弃既定的评分习惯。你出于某种原因选择了它们，对吗？为了避免职业倦怠，简化和减少评分具有很大的潜力，因此有必要重新评估你的评分习惯。要做到这一点，首先，你要重新考虑你对评分的看法以及你的付出是否值得。

以下策略可以帮助你降低评分在学生教育中的作用。根据你的实际情况选择合适的策略。

考虑反馈周期。算一算从学生把作业交给你到你评完分把作业发下去之间的确切时间。家庭作业的批改通常都不够及时，其实，教师最好在学生思考的时候就进行反馈干预。

我并不是说所有的家庭作业都是无效的，但家庭作业（特别是“低效”作业）通常在教育教学中起着绝对的主导作用。审慎地评估每一项作业真正提高学生学习能力的可能性，你就会发现有许多作业可以跳过，或者可以用更能激发学生学习兴趣的项目替代。

考虑学生复查每道题及其答案的可能性。如果学生最看重的是作业对成绩的影响，拿回作业时，学生往往最关心作业的分数。特别是如果将很多作业同时发到学生手中，学生很少会耐心地重新查看这些作业，并且不会像完成作业一样冥思苦想。即使你用整堂课反复讨论问题和答案，学生也很少会像最初那样努力地去理解每个问题（当他们的回答会影响成绩时）。而且用整堂课来反复讨论家庭作业和试卷往往意味着对课堂时间利用得不合理。

> 对小学生而言，家庭作业和成绩之间的确没有相关性……从初中开始，我们开始看到相关性……但随着初中作业时间超过 90 分钟，高中作业时间超过两小时，这种相关性逐渐消失了。
>
> ——丹尼丝 · 波普（Denise Pope）博士，斯坦福大学教育学院（Passarella，2015，pp.150-151）

考虑学生阅读作业反馈意见的可能性。大多数教师经历过这种失望，一下课学生就把你深思熟虑的作业反馈意见扔进了垃圾桶。有时学生会粗略地看一眼你的反馈意见，但更多的时候，他们连看都懒得看。

通常最需要处理教师反馈意见的学生最不可能去阅读它。尤其是后进生，常常对教师的反馈意见反感，以避免自我感觉更糟糕。

对学生的作业进行全面且详尽的反馈极具价值，但劳累过度的教师可能会选择性地进行反馈。在这种情况下，教师只需在学生最有可能阅读你的反馈意见并据此做出改变时对作业进行反馈。例如：

- 当教师的反馈意见直接关系到下次作业时，比如学生需要根据教师对文章初稿的反馈意见来撰写第二稿。
- 当教师留出课堂时间让学生阅读和思考作业反馈意见时。
- 当教师允许学生根据反馈意见对作业进行修改，以获得更好的成绩时。

重新思考如何最好地利用你的时间。在一份基于 50000 多名学生和 800 项元分析的文献综述中，哈蒂（Hattie，2009）发现家庭作业对学生成绩的影响远低于创新的平均影响，这意味着有更多的教学尝试比家庭作业的效果更好。问问自己做什么最能帮助学生学习：

- 教授一门能吸引学生，让学生在更高层次上学习和使用概念的优秀课程。
- 批阅作业。

正如阿伯（Alber，2010）所指出的那样，教师应该把时间更多地用在设计有活力的课程上，而不是把时间浪费在批改学生的每项作业上。审视自己用在评分上的时间，好好想一想最好把多少时间更好地用在备课或充电上，只有这样你才会有更多精力来帮助学生。

有关教师职业倦怠的建议

三年级的一名老师……让我接受了一个现实：我无法抓住每节课的目标，也无法对每个错误都做解释。这使我拥有了专注于与孩子互动的自由。这让一切都发生了改变。

——肖恩·麦库姆（Sean McComb）

2014年美国“国家年度教师”

（Gelman，2015，p.43）

重新思考“家庭作业是提供反馈的主要手段”这句话。你可能听过这样的比喻：使用生成性数据（这会影响你当前做的事情）就像在活体上做手术，而使用总结性数据（这用于事后反应）就像进行尸检一样。当你在一天或更长时间后才进行反馈，大部分作业的批改就是如此，你更有可能是在进行尸检而不是做手术。换句话说，你的反馈不太可能影响学生。

如果家庭作业是你定期让每个学生了解他们在每个内容区域（例如，美国《共同核心州立标准》，Common Core State Standard，简称CCSS）的表现的主要方式，那么你可能不会从更容易为学生提供有效反馈的工具中受益。例如，利用白板、应答机和数据，你可以立即向学生提供反馈，而不是让他们等待你分发批改完的作业。有关详细信息，请参阅本书中的“技术”一章。

※ 改变你的评分方法

既然你已经对评分的价值进行了批判性思考，那么重新评估你当前的评分习惯会更容易。接下来要分享的策略大多各有利弊。但是，如果你有出现职业倦怠的风险，那么值得做出一些改变，这会让你保持正常的、压力小的工作状态，并腾出时间来完成更出色的备课和其他帮助学生的任务。根据你的实际情况选择合适的策略。

重新思考作业。如果你每晚都给班里的每个学生发一张作业纸，或者让学生在课堂上做作业，那么，你应该研究一些有关作业的最新文献。例如，研究翻转课堂、创客空间、项目式学习和术语“重新思考家庭作业”。

通常，更严谨、更靠近 CCSS 标准、更贴近真实生活的作业，其中的“传统”成分（比如问答）就更少。如果你当前的作业是高度符合 CCSS 标准的，这种转变对评分来说可能是一件好事，因为需要检查的细节变少了。

以新的方式使用作业集。许多教师对作业集充满怨言（就像曾经的我一样），因为他们将“作业集”与每隔一周就把工作带回家来完成联系在一起。但是，如果能够转换思路，教师就可以减少评分时间，同时为学生提供有效的反馈工具。

例如，学生的作业集中有些作业没那么重要，这些作业可以作为一个整体来评分，或者你只对学生自认为最好的部分进行评分，抑或使用能让打分不那么麻烦的其他方法。

如果作业集上没有出现学生的姓名（例如，封面上的姓名可以折起来并固定好，也可以使用学号代替），你可以让学生打分，必要时你只需要检查和修改。例如，每两周，将学生的桌子围成一个圈，这样他们就能背过脸，发给每个学生一本作业集（不是他自己的），让学生在其中挑选一份作业并打分。教师需要给学生提供评分标准。

提前完成的学生可以再花时间添加评语来支持他所给出的分数。当学生完成后，给他们一个惊喜，告诉他们如何传递作业集（例如，“将作业集依次传给你左边的两个学生”），或者让他们站起来换座位（例如，“依次坐在你右边的两个座位上”）。继续评分，直到每本作业集中的三份作业都有了分数，并依据这三个分数得到一个总分。同伴评分是学生相互学习的一种方式，同时也可以提高他们的学习期望（Alber，2010）。

如果学生不认可自己的分数，他们可以提出异议。同伴评分只是一个初步的分数，教师还要对其进行适当的调整。这些分数不需要录入成绩册，它们只是对学生学习情况的反馈，这也正是评分的主要目的。请记住，分数本身不是目的，其主要作用在于帮助学生学习。

制定全面的评分标准。如果要对作业进行主观评分，那么应该有一个评分标准。在评分标准中你要使用通俗易懂的语言。一般来说，评分标准的每个评分区域，都应该是单独的一列或一行（例如，作文评分标准，可能分语法、词汇、风格、结构等几列）。

> 当选总统有很多好处。在我当选后的第二天，我的高中成绩就被列为最高机密。
>
> ——罗纳德·里根（Ronald Reagan）

虽然制定评分标准需要花费额外的时间，但从长远来看，这可以帮你节省时间。例如：

- 学生（应该同时拿到作业和评分标准）对教师的要求有了更深入的理解，因此他们的疑惑更少了，需要的指导也更少了（他们的作业也可以高于教师的要求）。
- 你可以把评分标准交给你招募的志愿者，让他们代表你给作业评分，还可以采用同伴评分的方法。
- 通过画圈或其他方式标示学生在每个区域的得分，你不必写出具体的评论。因为每个数值代表了相应的评价（例如，数字“2”代表作文缺少论点），这样学生就收到了大量现成的评论。
- 评分标准也可用于未来的教学。

除了表格形式的评分标准，你还可以改用包含作业的特征或组成部分的清单。你可以把学生的得分点圈出来，然后据此计算学生的总分（或让学生志愿者统计总分）。这样，学生会清楚地了解作业的得分点和不足的地方。英语教师杰戈（Jago，2005）补充说，按教研组或年级开发评分标准，可以让你们分担工作量，达成共识，制定出更全面的评分标准。

仅对每项作业的一部分进行评分。你可以只对两到三个精心挑选的项目或方面进行评分。但学生仍然需要完成整个作业，以确保得高分。

> 我的父母希望我成为一名脑外科医生。我超出了他们的期望，成了一名学者和教师。
>
> ——黄绍裘（Harry Wong）

有些课程提供了规范的焦点区域评分方法。例如，约翰·科林斯写作坊教学模式（www.collinsed.com/fca.htm），允许你为每个方面选择一个要关注的焦点。学生甚至可以对之前写过的文章进行重写，以满足聚焦的要求。这使学生在完善自己的写作技巧的同时，养成良好的写作习惯，并且可以简化作文评分。

你也可以采取非正式的方法对每项作业的一部分进行评分。谈到写作时，卡梅伦提醒老师不要对学生将在第二稿做出修改的部分进行评分。她解释说，你在批改文章时，如果发现论点薄弱，你就不应该对该段的语法进行评分，因为无论如何它都会在下一稿中发生巨大的变化。对文章的初稿，你只需关注两个主要问题，可以在后续草稿中解决其他问题（Cameron，2014）。

评分类型定义

- **客观评分**：问题或项目有唯一的、明确的答案（显示在问题答案上）。例如，问题 1 的答案是“B”，其他答案均为错误答案。
- **主观评分**：问题、项目、任务、计划等，都需要评分者自己评判哪些回答是正确的，应该打多少分。例如，依据评分标准对作文进行评分，就是主观评分。

不要替学生做他们应该做的事。杰戈（2005）指出，对一个没有意义或需要重新措辞的句子进行评论，比为学生把一个有问题的句子重写一遍要有效得多。正如在教授学生时，你为他做所有的事情会适得其反一样，你剥夺了学生在一些提示下去解决问题（从而真正地学习它）的机会。

和学生当面讨论与评分这两种方式交替使用。卡梅伦分享了另一种适用于任何主观评分（例如开放式问题）作业的策略。她建议把一堆作文分成两半，对其中的一半进行评分，然后与学生当面讨论剩下的一半（讨论前写下几个要点）。与作文没有被评分的这部分学生一次进行 5 — 10 分钟的讨论。下一次作文，你可以把这两组学生交换（Cameron，2014）。这么做的前提是，你要确保有一个活动计划以及有一个志愿者帮助你，这样你才有时间以这种方式和学生讨论。

※ 授权他人评分

想象你担任评分首席执行官一职。在一个公司里，首席执行官是不会万事亲力亲为的，他总是将一些无须亲自去做的事情授权给他人。在评分时你也可以采用这种方法。例如，测试中的选择题（并非开放式问题），问题 1 的答案是 A，问题 2 的答案是 B，这并不需要教师利用专业知识才能做出评判。

以下策略可以帮助你在可能的情况下寻求他人的帮助来加快评分进度。同样，大多数策略有利有弊，但是如果你被职业倦怠压垮，则后果更糟。

获得学生的帮助

有关如何招募和充分利用学生助教或志愿者的详细信息，请参阅“工作量”一章。

反思你的评分需求，并区分哪些项目真正需要你的专业知识和反馈。确定哪些策略适用于你需要评分的特定项目，并根据你的实际情况选择合适的策略。

招募学生助教完成评分任务。中学生通常可以在可选择的时间段里担任助教，而小学生通常可以在完成学习任务后帮助教师。然而，在利用学生的时间时，你必须确保这也是学生的优质学习时间。鉴于此，你就别安排学生批改选择题了，因为这不需要太多的思考。而运用技术（本章稍后介绍）使得选择题评分变得快捷、简单。如果你不能像捍卫同伴评估的价值一样捍卫评分时间，那么学生就不应该把时间花在评分上。

除了可以帮助你完成有趣的非评分任务外，学生助教还可以对需要主观评价的作业进行初步评分。如果这些作业与学生助教在另一门课程中所学内容相关，他们就可以获得与适当的课程内容相匹配的评估技能（布卢姆的教育目标分类法中的较高目标）。这不但对学生助教是有益的，而且可以加快你对学生作业的后续评分，因为最终得分必须由你确定。同样，评分时间必须对学生助教有益处。要为助教们提供他们能读懂的评分标准（例如，简单的说明文字和清晰的例子），并教会他们使用这些评分标准给学生的作业打分。同时，向助教们展示学生作业范例（比如，保存下来的前几年的作业或其复印件，并隐去姓名），举例说明如何评分。在完成作业之前，与学生分享这些作业范例，通常也是一种很好的做法。与助教一起对作业进行评分，直到你确定助教完全掌握了这项技能。

你的助教给出的分数可以作为初步分数，在最终确定分数前，你还要检查（还有机会更改）。有关如何充分利用学生助教和同伴评分，请参阅“工作量”一章。

同伴评估小贴士

英语教师杰戈（2005）注意到了同伴评估存在的常见问题（只有学业优秀的学生才可能适当地对他人的作业打分），并给出了以下建议。

- 让参加同伴评分的学生回答一些基本问题。比如，这项工作是否有意义，他们是否理解其他同学的论点，哪些地方让他们困惑，等等。
- 谨慎地将学生组合在一起。比如，把男生和女生搭配在一起，不能将好朋友搭配在一起，等等。
- 让学生把他的初步评估意见大声读给同伴听，每读一句话就停下来回答同伴的疑问。

让学生进行同伴评估和自我评估。如果你能提供精心设计的评分标准，采用通俗易懂的语言和例子来阐明评分的注意事项，学生就可以有效地评估他人（或自己）的作业。这可以是评分的预备步骤（然后你要检查并确定最终成绩），或者学生根据评分标准来修改初稿，最后以终稿确定最终成绩。学生评分不仅可以减轻教师的工作量，还能让学生了解教师的期望，让他们互相学习（Alber，2010）。

但是，要保证评分公正。例如，你肯定不希望一个学生因为和另一个学生是朋友就降低评分标准。强调诚实评价的价值有一定的作用，但问题仍然可能出现。考虑让学生把他们的学号写在作业上，而不是写他们的名字，然后随机分发作业，这样就没有人知道谁的作业在谁那里（因此，学生在评分时就不会觉得别人在盯着自己）。

获得成年人的帮助

关于如何招募成年人志愿者以及最大限度地利用其时间的详细信息，请参阅“工作量”一章。

招募成年人志愿者完成评分任务。本书的“工作量”一章可以帮助你获得家长志愿者、社区志愿者、退休教师志愿者和实习教师的帮助。这些人都可以帮助你评分，特别是承担初步评分任务。

让成年人帮助评分时，要注意以下事项。

- 成年人志愿者需要的支持与学生评分者一样多，特别是如果他们没有教学经验的话。正如前面“招募学生助教完成评分任务”一段所述，进行主观评分时，需要给志愿者提供明确的评分标准和学生作业范例（以匹配对评分标准的描述）。与这些成年人志愿者一起评分，直到你确定志愿者完全掌握了这项技能。
- 家长志愿者可能对自己的孩子过于宽容或过于严厉。请考虑不要让家长给自己孩子的作业打分。否则，你需要事后单独仔细检查志愿者的孩子的作业。
- 你可以比较随意地给成年人志愿者安排工作，而学生则不能。例如，你不必担心教学时间，成年人志愿者可以跑腿并帮助复印等。

有关如何招募和充分利用志愿者，请参阅“工作量”一章，“社区关系”一章也有所涉及。

※ 充分利用技术

要发挥技术的力量，即使想想你就会有些畏缩。想象一下，在一个村庄里，每个农民都开着拖拉机，只有一个农民坚持推中世纪的犁，因为他害怕学开拖拉机。想象一下推犁的人会落后多少。不善于利用技术的教师与使用犁来耕地的农民类似。其实，掌握技术工具很容易，只需要克服自己的畏惧心理，并花些时间来学习。

技术工具帮你节省的时间，特别是在评分方面，实在是太多了，让人无法放弃。技术工具需要你花费一些时间来学习，但与节省的时间相比，这实在太值得了。

以下策略可以帮助你利用技术来评分，这样更容易、更省时。当你怀疑自己可能会纠结于任何一种策略时，请立即寻求帮助。例如，你们学校的技术协调员或计算机科学老师可能会帮助你。如果你与地方政府信息技术（IT）部门联系，通常他们会派专业人员到教室里来帮助你。许多学生也会成为熟练的技术指导员。

关键是不要让挫败感阻碍你利用技术进行评分。你可以从“技术”这一章“提高成功使用技术的概率”部分获得所需要的帮助。根据你的实际情况选择合适的策略。

技术可以支持主观评分

不要将基于技术的评分误认为是不支持主观评分（例如，开放式问题、复杂的学习任务等）的方法，实际上技术可以很好地支持主观评分。你可以利用技术对选择题和简答题（例如，只有一种特定的表述是正确的）自动评分。至于主观评分，你可以简单地将主观评价分数添加到正在使用的任何表格或界面中。

例如，假设作业的前五道题目是选择题或简答题，后五道题目是开放式问题。使用技术对作业的前五道题目自动评分，然后根据你的判断或评分标准对后五道题目打分。根据不同的技术方法（例如，本节接下来要讲述的那些技术），你可以在扫描之前在学生的作业纸上填写主观评价分数，或者在学生在线完成作业后将主观评价分数输入谷歌表格……无论采用哪种方法，该技术都可以自动计算最终得分，自动将它们导入你的成绩册、学生和家长门户网站等。“技术”一章提供了详细信息。

使用网络摄像头对作业和测试进行评分。你可以使用普通的网络摄像头即时对作业和测试进行评分。想象一下：

- 学生进入教室后，将家庭作业放在网络摄像头下面。网络摄像头会立即对选择题自动评分，电脑屏幕上会显示学生的表现，分数会立即自动加载到你的成绩册中。你可以立即查看全班的表现，并根据学生当天的课程需求对他们进行分组。
- 学生完成一次测试后，将试卷放在网络摄像头下面。网络摄像头会立即对选择题自动评分，电脑屏幕上会显示学生的表现。学生可以根据分数移至合适的地点进行适当的后续学习（或获得适当的后续任务）。分数会立即自动加载到你的成绩册中，你可以立即查看全班的表现，发现学生个体和小组的需求等。
- 随后你可以填写主观评价分数（例如，基于评分标准，或者自己判断正误），并且轻松地添加（例如，扫描或输入）这些分数，然后它们会立即自动加载到你的成绩册中……

在对选择题进行评分后，你也可以选择随机分发作业（例如，如果学生在作业纸上填写了学号，作业中也没有出现他们的名字）。你可以让学生进行同伴评估，给他们提供参考答案或相关评分标准，并允许学生为他们正在评分的作业打分。你甚至可以将两名学生搭配在一起，让两个学生一起评估另两个学生的作业。

请注意，同伴评估要有利于学生相互学习。是否使用这种评估方式，取决于学生要评估的内容以及怎样指导他们评估。学生如果不同意所获得的分数，可以提出异议。同伴评估最适合初步评分，你可以根据需要进行调整。

分数不仅可以自动导入你的成绩册，而且可以自动导入学生和家长门户网站、成绩报告单等。如果你所在地区没有使用集成产品来实现这一目标，那么值得提倡使用更好的工具。请参阅“技术”一章，了解如何使上述场景（关于使用教室中的网络摄像头评分）发生。

使用在线系统对作业和测试自动评分。你甚至可以使用完全免费的工具。想象一下：

- 学生在线回答问题或回应提示。
- 你不必收发任何作业。
- 所有适合客观评分的答案（例如，选择题答案或专用名词答案）都会被立即评分。
- 学生立即知道自己的分数。
- 你立即知道所有学生的分数，这些分数可以自动（并立即）导入你的成绩册（以及其他数据系统）。
- 你可以稍后输入主观评价的分数（例如，对开放式问题的评分）。此时学生的分数将自动（并立即）更新到数据系统，任何同步的数据系统的分数也会更新，如学生和家长门户网站、成绩报告单等。
- 即使整个作业是主观评分的，在线输入分数之后，它会为你计算总分，并将其放在适当的位置，不需要你费力。

例如，教师皮内利（Pinelli，2015）让学生完成一个包含五道题目的在线测试作为家庭作业或课堂作业，然后他使用即时数据来规划第二天的教学内容，并根据题目的错误情况分配时间，提前对学生个人或小组安排差异化教学。请参阅“技术”一章，了解如何使上述场景发生。此外，“环境”一章可以帮助你布置便于开展差异化教学的教室。

作文在线评分

英语教师杰戈（2005）指出，对学生的写作样本来说，计算机评分过程变得非常先进（至少可以作为涵盖写作技巧等方面的初步评分），并建议使用：

- 美国教育考试服务中心（ETS）Criterion® 在线写作练习与评估系统（www.ets.org/criterion/about）

使用答题器布置作业和做测试。答题器有许多名称：课堂应答系统（CRS），手持应答器，或具有相同功能、可用于任何支持网络的设备（例如，iPhone 和 iPad 等）的应用程序。基本上，答题器允许你向一个班的学生提出问题，然后他们在答题设备上选择答案。你可以立即访问数据，这样你就可以得知学生的答题情况（例如，35%的学生认为正确答案是 A，42%的学生认为正确答案是 B）。

答题器还可以用来让学生匿名回答问题（例如，22%的学生理解这个概念并准备好继续学习，但 78%的学生需要更多的解释或学习时间）。请参阅“技术”一章，了解如何使用答题器轻松得知学生的答题情况。

使用在线成绩册。如果你还在手写和手工计算学生的分数，这种做法必须停止。对像你这样的专业人士来说，这个过程太耗时间了。请参阅“技术”一章，了解如何使用在线成绩册让你的生活更轻松。

〔思考练习〕

以下题目可以单独回答，也可以分组讨论。

1. 阐述三种评分方法，并说明用这样的方法评分的作业（以及教师对作业的评语）影响学生学习的能力有限。

A.______________________________

____

B.______________________________

____

C.______________________________

____

2. 确定并描述你在评分时花费时间最多的项目。

____

____

3. 你将使用哪三种方法来减少评分时间？请具体说明评分的项目、所使用的技术以及成功运用这些方法所要考虑的细节等。

A.______________________________

____

B.______________________________

____

C.______________________________

____

4. 描述一种新方法，你将利用这种方法为学生提供即时且有意义的反馈。

____

____

____

5. 选择一项新技术，你将利用它对作业自动评分（从而节省你的时间）。请回答以下问题：

这项新技术是什么？

____

____

____

你将如何获得这项新技术？或从哪里获得这项新技术？

____

____

如何使用这项新技术解决特定的问题？或如何使用这项新技术支持学生学习？

____

____

你将如何在课堂教学中使用这项新技术？

____

____

6 工作量

“如果每天有 48 小时，我就可以做我想做的一切”

教师自白：我热爱我的工作，我只是希望它不要占用我太多时间，因为它已经把我逼到了没有时间陪伴家人甚至睡觉的地步。我热爱我的工作，它是那么充满挑战、那么有趣，但我还是希望它不要占用我太多时间。

——拉什·A. 朗德（化名）

工作超负荷是导致职业倦怠的主要因素之一（Maslach & Leiter，2008；Skovholt & Trotter-Mathison，2011）。一项对 30000 多名教师的调查表明，“时间压力”是教师每天的头号压力源，其中 47%的教师（和 58% 经常感到有压力的教师）认为“时间压力”是造成每天压力的主要因素（American Federation of Teachers，2015）。

工作超负荷不仅会使你的心情糟糕，还会大大降低你的工作效率。压力过大、劳累过度的教师可能会出现被神经科学家称为“执行功能过载”的状况，在此期间，被过度刺激的大脑变得无法清晰思考或表达情绪（Strauss，2014）。

有时外部因素是造成教师工作超负荷的主要原因。例如，不在计划内的课程或学校管理者提出的多余要求，都会加重教师的工作负担。尽管我们可以把部分责任归咎于外部要求，但教师自己的一些做法往往也会导致不必要的工作。“大包大揽”和“管理”这两章将帮助你防止他人给你增加工作量，让你埋没在工作中。本章将帮助你避免自己给自己增加工作量。

> 要减轻压力，一个快速办法就是慢下来。
>
> ——莉莉·汤姆林（Lily Tomlin）

英国教育部的教师工作量日志调查表明，英国教师每周工作超过 50 小时；55 % 的教师报告说，他们的一些时间花在了不必要的任务或官僚任务上；45%的教师报告说，花在不必要的任务或官僚任务上的时间比上一年有所增加（Stanley，2014）。其他国家的教师也反映了这一点。

从整体上评估事情的重要性，然后将不太重要的任务放弃（例如，不必对布置给学生的每项作业都评分），可以帮助教师缓解职业倦怠（Warren，2014）。著名教师维基·戴维斯（2014）将“选择性忽视”作为 12 种预防教师职业倦怠的方法之一，因为“追求完美”实际上是一种障碍。比如，比起妈妈带着糟糕的心情亲自下厨做出的“美味”，孩子们更喜欢妈妈怀着好心情给他们加热的一份速冻烤宽面。确实有一些方法可以帮助你减少在学校的工作量。

※ 设定合理的预期

你应该获得表彰。如果你是那种总试图做得更多而且尽力做好一切的教师（这是过度劳累的教师共同的性格特征），你应该收获巨大的感激、尊重，也许还有人起立为你鼓掌……你唯一的目标是帮助学生；你可能并不太关心这些表彰和荣誉，你只关心你对学生产生的影响。

这是本节的一个很好的出发点。如果优先考虑帮助学生，我们就可以摆脱那些对自己毫无帮助，也无法真正有效帮助学生的事情。毕竟，如果你产生了职业倦怠，你实际上成了一个效率低下的教师。

以下策略可以帮助你调整心态，从而为减少工作量铺平道路。根据你的实际情况选择合适的策略。

放弃完美主义。职业倦怠在很大程度上是由不合理的自我期望造成的，比如，儿童福利工作者经常出现这种情况（Van Hook & Rothenberg，2009）。特殊教育教师洛丽·斯莫克说，“接受不够完美”是她避免职业倦怠的最佳方式之一，如果时间允许，将来她总能把事情做得更好。在本书的所有策略中，这是我最纠结的策略。当我太在意细节时，我必须努力控制自己，让自己保持更加宽容的心态。

批判性地思考你是否受完美主义困扰。确定你在哪些方面投入了比绝对需要更多的精力来完善一个项目，以及你这样做的次数。

> 不要为十全十美担心——你永远做不到十全十美。
>
> ——萨尔瓦多·达利（Salvador Dali）

如果你纠结于过高的期望，那就发誓与你的完美主义倾向作斗争。如有必要，请在每天能看到的地方提醒一下自己。例如，在计算机显示器上方张贴“不需要很完美”，或将笔记本电脑的密码更改为“Not2Perfect”（不必太完美）。

每天设定现实的目标。目标设定与时间管理有助于预防和缓解职业倦怠，护理他人的护士就是如此（Demir，Ulusoy，& Ulusoy，2003；Espeland，2006）。“过度刺激”一章中的待办事项清单可以帮助你解决这个问题。

在确定每个白天和晚上将要完成的工作时，请对自己温柔一些。设定合理的预期，并在工作中坚持这个界限。请与你的搭档或家人分享你的目标，这有助于你坚持目标（需要仔细考虑的是，如果一些亲人容易行为过火而加剧你

> 如果我给儿子上了很好的一课，我会很开心。但如果我的儿子能给我上一课，我会更开心。
>
> ——布拉德·梅尔策（Brad Meltzer）

的压力，你是否还要与其分享）。虽然偶尔会出现例外，但请尽量坚持你设立的界限。同时，你可以采用本书中的其他策略来减少工作量并防止工作堆积。

※ 确定任务的优先级，去掉不重要的任务

我喜欢举办派对。一切看起来多么美好，事情进展得多么顺利，参加派对的人对我大加赞赏。然而，这总是需要花大量的时间来准备。我的丈夫问我："如果你没有张贴洗手间指示牌会怎么样？"说话时他忍不住笑了出来。为了满足客人聚会期间可能出现的各种需求，我把时间浪费在不重要的细节上。当然，洗手间指示牌对客人是有帮助的，但客人不会在没有指示牌的情况下尿裤子；他们会向别人问路或自己找洗手间。

> 问：为什么老师让学生把那张纸揉成一团？
>
> 答：因为那张纸上列出了老师的新年决心。

许多教师面临这样的问题 —— 完成并不重要的任务。教师们早已在很多方面做了大量工作，这使得这个问题更加严重。例如，每一节课的设计都可能会做过头，因此，每天的课程设计就有可能造成每天都要过度工作……而这只是教师日常职责的一个方面。

以下策略可以帮助你确定任务的优先级，并删除那些不重要的任务。你可以根据你的实际情况选择合适的策略。

研读内容标准。仔细考虑你在特定的课堂上具体要教什么，可以帮助你专注于最重要的事情，以实现教学目标。参考内容标准和教学指南，并思考如何在课堂上引导学生掌握这些标准。如果你教的不是一门核心课程，或者不确定你应该教什么，你可以咨询上级部门或能提供相关专业知识的人员。

在我当教师的第一年，我犯了一个错误，我在一位同事的指导下，根据教科书的内容来教我的课程。当我仔细研读标准（遗憾的是，一直到学年结束我才研读它）时，我才意识到我教了很多不需要教的内容。这对我来说真是浪费时间，更重要的是，浪费了学生的时间。

在美国《共同核心州立标准》（CCSS）问世之前，教科书通常会在全美范围内销售，但教科书的注释会根据每个州的标准有所不同。例如，教科书在艾奥瓦州销售时，该书的页边空白处会显示艾奥瓦州的标准；教科书在俄亥俄州销售时，配套的小册子上就会显示俄亥俄州的标准。换句话说，为了省钱，出版商会出版一本教科书，然后把同一本书卖给每个州，就好像它符合那个州的标准一样。同一本书的内容需要符合所有州的标准，这意味着教科书的内容远比教师应该（或能够）教授的内容要多。

即使在实施 CCSS 的州，许多出版商出于节省资金的目的，会将他们的旧资料进行压缩，试图使其与 CCSS 一致。大多数宣称“与 CCSS 一致”的产品，其内容都会比你实际需要教的内容多得多。例如：

- 一篇关于“与 CCSS 一致”的 K–8 数学教学资料的综述指出，85% 的相关资料未能真正与 CCSS 保持一致（Heitin，2015）。
- 丹佛公立学校审查市场上“与 CCSS 一致”的数学、英语教科书和课程时，发现没有一个满足地区的需求，特别是英语学习者的需求（Zubrzycki，2014）。
- 美国《新一代科学教育标准》（Next-Generation Science Standards，简称 NGSS）的开发者发现，与 NGSS 一致的可用资料并不多，并且这种状况在之后的一段时间内不会改变（Koppal，2015）。尽管一些资料是根据旧标准开发的，但一些开发者和出版商还是会声称他们的资料符合 NGSS 标准（Roseman & Koppal，2015）。
- 2013 年，只有 44% 的中学社会科学教师认为他们的数字化教学资源是足够的。截至 2015 年，这个数字已提高到 64%。但是中学年级之间的差距（比如，CCSS 根本不包括在内）仍然很明显（Bill and Melinda Gates Foundation，2015）。

对于不实施 CCSS 的州，获取适用于通用标准的教学资料就更加困难。不支持这些标准的内容，可能不值得保留。当然也有例外，比如，我们应该认真对待支持组织能力和品格培养的内容。

决定哪些工作项目可以删除。仔细想想需要你付出最多时间和精力的工作项目（比如，设计作业、编写课程计划等）是否可以删除或替换，然后再考虑你剩余的工作量。对每个工作项目，问自己几个问题（见图 6.1），并做出相应的回答。

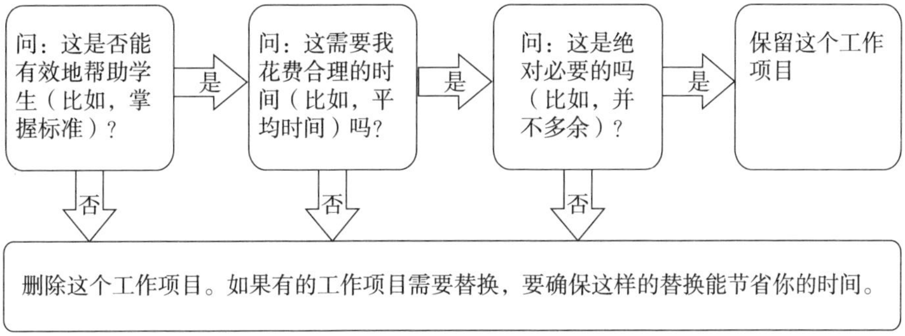

图 6.1　如何确定哪些工作项目需要删除

确定优先级并决定哪些是可选的。面对难以对付的工作量时，你只能尽力而为。你需要确定哪些任务是最重要的，先完成最重要的任务，然后考虑放弃其他任务。例如，如果你正在制订新的课程计划，想让学生做你设计的练习，从而达到课前热身的效果。这时，你可以考虑先使用教科书中已经设计好的练习。你可以等到明年开课的时候再自己设计练习，那时你没有从头开始开发整个课程的负担。

改进烦琐的习惯或流程。年复一年地教书（尤其是相同的内容）对你来说是一种优势，因为你几乎可以简化和微调你所做的每件事。要批判性地审视你的习惯和流程，尤其是那些经常发生的事情，比如日常惯例。考虑如何对它们进行修改、替换或删除，以提高效率，然后做出必要的改变。示例见表 6.1。

表 6.1　负担及可能的解决方案

负担	解决方案
拉什（Rush）为每个历史项目创建了一个完整的范例（例如，对战斗场景透视图进行了注释，标明了原因、影响等），以便在学生完成自己的项目之前向他们展示。	修改 在学生完成项目后，拉什会保留一些范例（在征得学生同意的情况下），以便第二年使用。第一年，他会尽可能详细地描述，并不断激励学生，让先完成的学生向尚未完成的学生展示他们的作品。
拉什把每一节课的内容打印出来，然后打孔，装订在活页夹里，把它放在员工休息室的架子上，以方便其他老师使用。	替换 拉什不再自行装订每一节课的内容，而是把自己的课程放在了地区的学习管理系统（LMS）中。这样，拉什不必采取额外的步骤，所有的教师都可以立即访问它们（拉什也可以设定访问权限）。
拉什上完一节课后，就会写一篇反思（关于这节课是如何进行的），并将其添加到他的课程计划文档中，以便他下一年阅读和思考。	删除 拉什还在反思，但他不再写出来。他已经根据反思对课堂做了必要的修改（例如，介绍的时间少了 5 分钟，学生动手操作的时间多了 5 分钟）。所以，当拉什下一年教同样的课程时，这些修改实际上为他再次备课提供了足够的参考。

预见并避免戏剧性事件。在学校里，为了避免职业倦怠，教师应该学会确定“战争”的优先级，只为那些最重要的事情而战（Davis，2014）。在挑战管理人员或对抗同事之前，应先考虑更糟糕的情况是什么，是否值得你这样做。如果时间和情绪的消耗会给你造成伤害，那么你就应该把精力留给未来的问题，或者匿名说出自己的想法。

例如，如果你无法抽出时间细致地考虑某个重要问题，那么你可以向管理人员匿名发送邮件，使他们意识到这个问题。虽然面对面交流是你与管理部门之间建立积极关系的最好方式，但当你无力处理一些消极的、消耗你精力的事情时，与职业倦怠作斗争更加紧急，你这样的做法是允许的。

其他影响因素

- 如果评分是你最浪费时间的事情之一，请参阅“评分”一章，以寻求帮助。
- 如果你为了满足学生的需求，被大量的课程计划或项目压得喘不过气来，请参阅“课程”一章，以寻求帮助。
- 如果其他人或机构正在急剧增加你的工作量，如管理人员或上级机构，请参阅“大包大揽”和“管理”这两章，以寻求帮助。

※ 充分利用资源

你可以通过争取更好的资源和充分利用你现有的资源来进一步减少你的工作量。这些资源可能是技术、时间、课程、在线资源或其他形式的支持。

以下策略可以帮助你实现资源利用最大化、工作量最小化。根据你的实际情况选择合适的策略。

从现有的课程开始。丰富的资源（其中许多资源是免费的和在线的），可以减少你从头开始开发课程及相关资料（比如，课前热身活动、测验、讲义等）的需求。“课程”一章可以帮助你利用资源来大幅削减课程计划的编写。例如，本章将帮助你使用在线工具和技术，如课程管理系统（Curriculum Management System，简称 CMS），并倡导采用更好的课程。不管你是完全照搬现有的课程，还是对其进行调整，通常都比从头开始开发整个课程花费的时间要少。

利用技术实现无纸化。使用纸张意味着必须打印资料、复印资料，把资料发给学生……有一大堆工作要做，而且很多是不必要的。请参阅“技术”一章，一些工具可以帮助你在适当的时候实现无纸化。

争取更多的时间。当涉及如何管理工作量时，时间就成了宝贵的资源。你拥有的时间越多，你就越有能力应对（从而减少剩余的）工作量。

如果教师没有指定的计划时间，或者他们的计划时间通常被专业发展活动等占用，他们的时间就会特别紧张。如果你没有足够的计划时间，你可以提出你的需求。

无论你是否有正式的计划时间，你都可以提出单独拥有一整个时间段的需求。例如，如果你正在开发学科单元测试，这时你可以向校长提出请其他教师来代替你一天的教学管理工作，这样你就有一整天时间来完成这项任务。校长可能会认为，这样的工作安排是值得的。你可以选择一个对学生影响最小的日子（如考试日或科技活动日）来完成这项任务。

经常承担教研组大部分工作的教师甚至可以要求额外的计划时间。例如，假设你所在地区有定期的、正式的考核（比如，每周的诊断测验），你和一位同事正在一起开发你所在教研组的所有测试（该教研组的其他教师之后会评价并要求修改）。你的领导应该了解这些额外的工作量，以及这样做的必要性和价值（例如，假设你和同事都是试卷编制方面训练有素的专家，并且没有时间让所有成员都参与试卷初稿的编写）。虽然不可能给每一位教师额外的计划时间，但是校长可能会认为给一两位教师额外的计划时间是值得的。

※ 为课堂找帮手

在努力减少工作量的同时，你也可以增加人手，让别人来帮你处理一些工作。变通一下思路，你就可以找到各种志愿者。

下面的策略可以帮助你找到志愿者并让他们努力工作。根据你的实际情况选择合适的策略。

招募成年人担任志愿者。请参阅本书“社区关系”一章“让成年人参与课堂”一节。按照它提供的方法，你可以获得家长、退休人员（如退休教师）、实习教师和其他社区成员的帮助。

招募你的学生担任助教和志愿者。我爱学生帮手，他们往往比成年人更有热情，有时做事更有效率。中学生通常可以在可选择的时间段里担任助教，小学生通常可以在完成学习任务后提供帮助。

然而，对待学生帮手需要格外谨慎。利用学生的时间时，你必须确保这也是学生的优质学习时间。请参阅“评分”一章，了解相关指南。例如，避免让学生批改不需要动脑筋的选择题，要让他们完成更具挑战性、以学习为中心的任务。

与学生帮手一起工作

请参阅“评分”一章，了解如何利用学生帮手的时间，如何使这些时间变成优质学习时间，以及这些学生可能需要什么支持。

招募其他教师的学生担任志愿者。我非常善于利用儿童志愿者，学生会随机出现在我的教室里帮助我（他们提前完成了功课，他们的教师会派他们过来帮忙）。我不知道没有他们我该怎么办，他们想要成为有用的人，而不是无聊的人。

在小学，其他班级的学生可能已经提前完成了任务，准备好迎接新的挑战，而他们的教师却还没有准备好让他们承担额外的、有价值的任务。在中学，领导力、联合学生团体（ASB）、同伴互助与领导力（PAL）的教师以及其他项目需求不稳定的课程的教师，需要不定数量的学生提供紧急支援，却不能在某一天提供足够的工作。其他教师的助教也经常没有足够的有价值的工作可以做。

要让你的同事知道，你总是乐于让学生参与他们感兴趣并且充满挑战的任务，无论是锻炼他们的组织能力，还是让他们根据一个评分标准对学生的作业初步评分，以此训练他们的操作技巧。然后准备好让这些学生工作（请参阅下一节）。

※ 充分利用帮手的时间

时间非常宝贵，教师应该充分利用志愿者的时间。以下策略可以帮助你最大化地利用志愿者的时间。根据你的实际情况选择合适的策略。

做好迎接志愿者的准备。做好充分的准备，在任务分配上做出明智的决定，对充分利用志愿者至关重要。当出现适合志愿者而不适合你的任务时，你要合理安排，把这些任务分出去。志愿者完成这些任务所需要的一切，你都要准备好。例如：

- 坐在什么地方。
- 所用物品，包括笔、回形针、成绩记录表等。
- 分好类的试卷（比如，分别放在“待评分”和“已评分”的文件盒里，每套试卷上都夹着一张评分表）。
- 操作步骤说明，用大而醒目的字打印出来，阐明任务操作要点。例如，有的项目必须以特定方式评分，你就需要对此加以说明。这些说明会强化你的口头指导，并且可以保存到下一年（和作业或试卷一起），所以，拟定特殊的说明不会浪费任何时间。
- 对学生而言简单易懂的评分标准。例如，简单的说明文字和清晰易懂的例子。
- 学生作业范例（例如，隐去姓名的往年学生作业的原件或复印件），它们可以对评分标准做出生动的解释。

请帮我设计一节课

你的姓名：

教学内容：我计划教……

说明：想出一种好方法来教这节课。该教学活动应具有以下特点：

- 它能真正帮助孩子们学习这节课。
- 每个孩子都能参与进来（亲自动手）。
- 对孩子而言这是有趣的。

请在此处写下你的好主意：

温馨提示：填写完之后，请你重新找一张纸写下课堂细节。例如，在导入环节，你可以设计什么问题或情境；如果这节课上你安排了游戏，游戏将如何开展；等等。谢谢！

最大化地利用志愿者的帮助时间。你需要为志愿者的到来做好准备，并且建立常规，以防他们打乱你的工作。久而久之，你会在给志愿者分配任务这件事情上做得越来越好。美国的“我们是教师与志愿者站”（WeAreTeachers and Volunteer Spot，2013）曾报道，48% 的教师很难抽出时间为志愿者准备任务，建议每次将相同的任务分配给志愿者来做，或者指定一位家长代表给其他志愿者分配任务。

你要进一步了解并发挥志愿者的特长。例如：

- 会两种语言的成年人和学生都可以帮你翻译一些信（不针对特定的学生），这些信会被寄到学生家里或发布到在线门户网站。
- 理工科毕业生可以处理技术任务，比如，修复卡纸的打印机，或者当学生都在使用笔记本电脑或手持设备时给他们提供帮助。
- “我们是教师与志愿者站”（2013）的一项千人参与的调查显示，50% 的教师需要计算机技能方面的帮助，45% 的教师需要设计简报方面的帮助，44% 的教师需要园艺方面的帮助，43% 的教师需要职业准备信息方面的帮助。对这样的需求，就需要一个有能力提供帮助的潜在志愿者。
- 成年人可以不断地帮助学习有困难的学生，学业优异的学生同样可以提供帮助，只要能加强他们自己的学习，并且不让某个学生长期担任这个角色。
- 尽管退休教师和实习教师可以熟练地设计课程，但不要忽视学生也可以承担部分任务。如前所述，给学生提供一节你还未设计的特定的课，让他们进行“头脑风暴”，设计一节课。他们最初的想法可能会给你带来惊喜和帮助。学生们喜欢上自己设计的课。在教学设计的过程中，学生可以更深入地学习和理解相关概念。

如果你可以为年长的志愿者提供互联网访问（对学生用户需要屏蔽成人内容），你就可以让志愿者查找并标记最适合教授特定内容标准的课程。你可以为志愿者提供“课程”这一章中提及的开放教育资源清单，帮助他们上手。当你开始寻找符合这个标准的课程时，你可以先考虑志愿者的建议，这样可以节省时间。

考虑学生的隐私。家长和学生志愿者不应该接触其他学生的私人事务。出于这个原因，你不应该让这些志愿者翻译寄给特定的家长关于他们孩子的信。志愿者也不应该使用包含个人表现、联系方式和人口统计资料的计算机数据系统。

你也可以考虑让学生在试卷上填写学号而不是真实姓名（一定要首先考虑到这是否会影响将试卷返给学生）。“技术”一章关于扫描和无纸化的提示，使得在试卷上不写真实姓名成为一种更可行的选择。

真诚地感谢所有帮手。无论为你提供帮助的是学生还是成年人，你都要让他们感受到你真诚的感激。这对学生的自尊发展、品格发展尤为重要。此外，志愿者会花更多的时间和精力来帮助你，他们还经常会为你招募更多的志愿者。班图韦利斯（Bantuveris，2013）总结了以下几点：给家长发送学生制作的感谢卡，或者将短视频、照片发布到班级网站上。记住，选择你认为快速、简单的感谢方法。

〔思考练习〕

以下题目可以单独回答，也可以分组讨论。

1. 除了正常工作时间以外，你每周最多能花多少时间在工作上？你应该给亲人以及自己留一些时间（比如，运动、兴趣爱好以及个人独处的时间）。

____

____

2. 根据图 6.1，评估你和学生目前使用的课程及相关资料。基于这个评估，你会删除、修改或替换哪些项目（你可以针对当前的课程，也可以针对下一学年的课程）？

____

____

3. 找出教学中非常烦琐的一个惯例或流程。开发一个更有效且能充分利用现有技术的替代方案。请描述改进过程。

____

____

4. 列出三种可以帮助你减少或管理工作量的资源。

A.____

____

B.____

____

C.____

____

5. 选择两种可以为你分担工作的帮手，回答以下问题。

A.____________________ B.____________________

具体来说，你将如何获得该帮手的帮助？如有必要，你可浏览“社区关系”一章。

A.____________________ B.____________________

为了充分利用帮手的时间，你会为他做什么准备？

A.____________________ B.____________________

这个帮手将在什么任务上提供帮助？

A.____________________ B.____________________

6. 当你的帮手与学生工作有交集，或者能够接触到学生个人信息时，你会采取什么措施来保护学生的隐私？

____

____

7 大包大揽

“我是我们学校的‘首席’志愿者”

教师自白：我们的教师都是好教师，但不是每个教师都能做到在课堂之外帮助别人。当校长需要人手的时候，她会来找我们少数几个人，因为她知道我们会完成任务。无论是管理家庭作业实验室、出席董事会会议，还是在放学后陪伴大家跳舞，我们这些女老师（还有唯一的男老师菲尔）都能完成任务。如果我们不做这些，还会有谁来做呢？我们的学生和校长需要我们。

——琳达·汉德（化名）

教师自白：我看起来不像是一名遭遇职业倦怠的教师。我的课上得很顺利，学生们的表现很好，其他教师也都愿意来征求我的意见。我喜欢当一名无所不能的教师，我喜欢校长也向我寻求支持。但我真的很难一直做得这么出色。我想象着当我能量耗尽时，就如纸牌屋顷刻倒塌一般。我真担心那一天的到来。

——林恩·尼亚（化名）

教师们如此渴望做出与众不同的成就，以至于他们可能成为导致自己职业倦怠的最大敌人（Neufeldnov，2014）。职业倦怠的主要危险之一是难以对他人说“不”，这也被称为“水车效应”（treadmill effect）

或“英雄综合征”（heroic syndrome）（Skovholt & Trotter-Mathison，2011）。

例如，一项对土耳其1699名小学教师的研究显示，那些努力帮助同事和整个组织的人改善了工作环境，却往往以情绪耗竭作为代价，这会导致职业倦怠（Inandi Buyukozkan，2013）。如果你与琳达·汉德老师有相同的感受，或者你发现自己像她一样要应付太多“额外”的工作，那么学会说“不”，你可能会从中受益。

听听校长的心声

我最不想做的事就是“榨干”我的员工。然而不幸的是，为学生提供全面而丰富的教育需要志愿者发挥作用。所以，只要我是校长，我就需要志愿者的帮助。

我会先去找那些最有可能帮助我的人，但我不是通灵者——如果老师不告诉我，我无法知道我在加重谁的负担。我要应付太多的事情，我知道我甚至忽略了一些老师给我的信号。

我需要别人直接告诉我“现在我太忙了，无法提供帮助”。那我就去找别人，不要紧，我不会不高兴的。

——杰斯·泰米（化名）

这一章并不是要破坏合作型学校文化。正如校长杰斯·泰米所言，志愿服务是学校为学生提供全面而丰富的教育的基础。为了学生的最佳利益，教师有时必须愿意伸出援手。然而，这一章旨在防止教师比同行承担更多的志愿服务工作，并阻止志愿服务削弱他们的幸福感。

教师A：你是如何做好所有工作的？同时做几件事情吗？

教师B：不，那太慢了。我同时做许多事情。

※ 为成功做好准备

防止职业倦怠最好的方法之一就是学会设定界限，比如，对苛刻的要求说“不”(Skovholt & Trotter-Mathison，2011)。然而，如果说“不”那么容易，你就不会纠结于本章的问题了。

以下策略可以让你更轻松地拒绝苛刻的请求。根据你的实际情况选择合适的策略。

预想一种你觉得合适的拒绝他人的说法。设计拒绝的方式并做练习，可以让你在说“不”的时候不那么尴尬。如果一个简单的“不”字让你难以启齿，你可能会更喜欢下面这些说法。

- 我多么希望我能答应，但我最近实在忙得不可开交，我必须减少我的承诺。
- 遗憾的是，我实在太忙，无法帮到你。你有没有考虑过……
- 很抱歉，但我必须说“不”。我最近压力特别大，我不得不减少额外的任务。

注意，每个回答都要考虑周全，态度要坚定，并提供一个有说服力的理由。这个理由不限于拒绝一个请求，甚至可以避免对方在不久的将来提出其他请求。所以，你需要确定一个适合你的答案，并在需要的时候使用。

想做的事才值得花时间思考。有时，尽管你心中早已计划好拒绝，但你还是发现自己快要答应了！请不要再花时间来考虑你的答案。在一小时之内坚定地拒绝（你也不想让别人一直等待你的回复）。理想的处理方式是立即给出答案，而不是让对方等待，这比答应去

> 说“不”很难，但说“是”的内疚感往往比说“不”的内疚感更严重。
>
> ——斯科特·汉塞尔曼
>
> （Scott Hanselman）
>
> （Schreiber, 2014，p. 8）

做那些你并不想去做的事情要好得多。

确定什么时候可以说“是”。创建高效的学校工作环境需要大家共同努力。如果你拒绝提供任何帮助，你与管理人员或同事之间的关系就可能被破坏，这也可能会使得你在需要帮助时无法获得他人的帮助。

确定哪些承诺是合理的，并履行承诺。例如，在午餐时间帮忙管理一年一次的冰激凌派对，比做一整年的课后辅导要容易得多。高中美术教师克里斯蒂娜·弗里德里克建议，选择一件你喜欢的事情，并且只服务于此。你可能会发现，当你对较小的承诺说“是”时，你会更容易对那些更费力的承诺说“不”。

尽你所能退出。如果你已经对正在进行的任务做出了承诺，考虑一下你能否放弃其中的一些任务。这并不意味着你要食言。更确切地说，这是探究是否可以优雅地退出。

例如，琳达·汉德每年都要规划学校的历史营，这是一个令人疲惫不堪的项目。当她提出她已经对这项任务感到厌倦时，她发现其他三位教师都希望接管这个项目。琳达·汉德高高兴兴地把这份“苦差事”交给了其他教师。对这项任务感兴趣的教师们组成一个团队，急切地应对这个挑战。

> 如果你把一项工作做得太好，你就会陷入困境。
>
> ——佚名

至少，你要学会将减少工作量的需求表达出来。当你感到不堪重负时，要让领导和同事们知道，这样当他们想要请人帮忙时，他们就有可能去找其他人。

解决问题的建议

对占用你时间的大量请求说“不”，是一件累人的事。在教师行业，偶尔的请求（和偶尔的承诺）是合理的。但如果这种请求持续不断，往往就存在深层次问题。

以下策略可以帮助你倡导变革，以尽量减少学校对教师时间的需求。请根据你的实际情况选择合适的策略。

建议招募学生志愿者。虽然学生没有教师的专业知识，但是学生仍旧可以创造工作奇迹。例如，在午餐时间家庭作业帮助（Lunchtime Homework Help，简称 LHH）项目中，一名教师带领五名经过培训的学生志愿者的工作效率，比两名教师单独工作的效率要高得多。学生可以因其服务获得认可和奖励。

卡梅伦（2014）描述了一个由学生运营的写作中心的有效性。在那里，由经过教师挑选和培训的高中生担任写作顾问，他们每周在指定的房间里工作几个小时。这些顾问并不是直接在前来寻求帮助的同学的本子上写作，而是帮助他们就主题进行头脑风暴，提出疑问，梳理写作纲要，提供思路。这种模式也适用于其他年级。这样，教师就不用在课余时间辅导学生写作，它可以提高前来寻求帮助的学生的写作技能，还能进一步巩固顾问们自己的写作水平。

在适当情况下，建议管理人员考虑让学生志愿者承担由教师主导的特定任务。即使这个建议最初被忽略了，但提出这样的建议通常可以让管理人员考虑学生将来的任务。

建议招募非教师志愿者。考虑一下家长或社区成员是否适合做代替教师工作的志愿者。如果可以，那就开始改变吧。这种模式一旦有效运行，家长和社区参与将会加强学校、家庭、社区之间的关系，并且有助于围绕学生建立一个积极的网络。

例如，在琳达·汉德所在学校，老师们每年都要监督学校举办的“学生奥林匹克运动会”。当

学生：如果你需要志愿者，你可以让我们学校的协管员来担任。

校长：为什么你会认为我们学校的协管员就能成为一个好志愿者？

学生：因为她总是说她需要完成 100 个小时的社区服务。

琳达·汉德招募家长来帮助他们完成这项任务时，需要的教师志愿者人数几乎减少了一半。琳达·汉德只是建议管理人员与家长教师联谊会（PTA）分享这个想法，并在学校的在线家长门户网站上发布招聘信息，提出这个建议仅需5分钟。

这样的例子比比皆是。为了防止教师流失，阿森德特许学校招募大学生来辅导中学生做作业，并招募社区成员和合作机构提供丰富的课外活动，如空手道、非洲鼓和舞蹈（Neufeldnov，2014）。耶斯预科（YES Prep）是教学质量最好的特许网络之一，它为学生提供丰富的课外体验活动，比如夏令营、国际旅行和野外旅行，并将它们交由教师以外的人管理（Neufeldnov，2014）。向那些寻求帮助的人提出类似的解决方案，这对教师而言轻而易举。

挺身而出。无论你是男性还是女性，你都应该在志愿者职责上倡导性别平衡，这将减轻你的一些工作负担，并让你从一个更务实的工作环境中受益。在职场中，女性更倾向于帮助做“办公家务”，比如，帮助准备员工节日聚会，为大家带来纸杯蛋糕，记笔记，帮助同事做演示，为委员会服务，制订会议计划等，尽管女性比男性从中受益更少。例如，成为一名志愿者实际上会阻碍女性的职业晋升（Sandberg & Grant，2015）。例如，有三项研究证实，工作中的利他行为被认为对女性而言不太可选，它会提高大家对男性（而非女性）的好感度，当被拒绝时它会破坏大家对女性（而非男性）的好感度（Heilman & Chen，2005）。这种额外的帮助会给人造成心理负担，全世界有183项不同的研究证实，女性明显更容易情绪疲惫。事实上，每100名员工中，产生职业倦怠的女人比男人多8名（Sandberg & Grant，2015）。

在学校里，要注意“家务”类任务的性别平衡。例如，如果你所在学校有5名男教师和95名女教师，那么男教师应该承担5%的“家务”，而不是50%。

无论是男性还是女性，都不应该独自承担绝大部分的共同责任。遇到任何严重的不平等，你都可以与管理人员一起讨论。例如，当“启明教育”（Illuminate Education）的首席执行官兼总裁莱恩·兰金（Lane Rankin）意识到办公室事务中的性别不平衡时，他与全体员工就这个问题做了讨论，并要求男性与女性一样经常做志愿者，比如，做会议记录和策划办公室活动等。他甚至以身作则，宣布从那天起由他负责清理员工冰箱（一个艰巨的任务）。莱恩·兰金和他的员工注意到情况立即得到了改善。

无论你是男性还是女性，在学校志愿服务或“家务”职责上提倡性别平衡，会让更多的人参与进来，这会减轻你的负担。同样，你也要为周围那些挺身而出的人鼓掌。

找出志愿服务中的低效之处。当我在加利福尼亚大学圣塔芭芭拉分校读本科时，我担任了校园环保组织的志愿者。我被安排在一个临时呼叫站给组员们打电话，每周工作两小时。在我担任志愿者的第一周，我的工作是给组员们打电话，看他们是否愿意每周用一个晚上代表该组织打电话，但我几乎没有成功。到了第二周，我发现我陷入了恶性循环：仅仅为了招人而招人。如果打这些电话的唯一目的是延长我的志愿服务时间，那么这似乎就没有意义了。于是，我辞去了这份工作，到了另一个能更好地发挥我的价值的团队。

> 如果没有当年数学老师和戏剧老师为我所做的一切，就不会有今天的微软。
>
> ——比尔·盖茨

找出学校的志愿服务中存在的低效之处。有时学校管理者并不能看到这些问题，因为他们离问题太远了。你的洞察力和建议，可以让你和其他人避免不必要的志愿服务，至少可以减少所需的时间。

〔思考练习〕

以下题目可以单独回答，也可以分组讨论。

1. 当被要求做出一个会让你负担过重的可选承诺时，写下一种拒绝他人的说法。

____

____

2. 描述一下，在学校里，哪些类型的志愿承诺会让你负担过重，哪些是你可以轻松答应的。

会让你负担过重的承诺：

____

____

你可以轻松答应的承诺：

____

____

3. 想象一个要求教师志愿者承担的典型任务，这个任务非教师志愿者同样可以承担。写下你将如何说服管理人员安排非教师志愿者来承担这项任务，包括这项安排的具体细节，以及为什么它是一种有利的、可行的选择。

____

____

4. 反思你现在或最近的工作，像本章那样，描述在“办公家务”中存在的性别平衡或不平衡现象。

____

____

5. 反思你目前或最近的工作，描述一下如何让当前的一项志愿工作更加高效。

____

____

8 合作

“对不起，我更喜欢独自工作”

教师自白：我真的很热爱这个集体，但我一点儿也不喜欢和别人一起完成项目。即使他们认为自己已经整理出了一个完整的、高质量的课程，但它依然有缺陷。既然我一个人就可以把工作做好，为什么还要浪费时间去为他人收拾残局，而且还要冒着得罪他人的风险？

——艾科·德威特（化名）

教师自白：如果不是占用大量的时间，我还是挺喜欢和其他老师合作的。和其他老师见面，讨论每个人在课堂上做什么，寻找共同的立场……有了这些时间，我一个人可能已经完成整节课的设计了。

——M. 佩什特（化名）

缺乏团队精神是导致职业倦怠的主要因素之一（Maslach & Leiter，2008；Skovholt & Trotter-Mathison，2011）。教师之间的合作以及共同担负所有学生成功的责任，可以提高教师的留职率以及职业满意度，但这不具有典型性。例如，一项针对 486 名新入职的 K–12 教师的调查显示，50%—66% 的教师独自设计课程和授课，不足 50% 的学校的教师关注自己班级之外的学生（McClure，2008）。

相反，建立与维护支持网络能预防和缓解职业倦怠，医护人员就是如此（Demir et al.，2003；Espeland，2006；Thomas & Lankau，2009）。教师之间的合作，不仅对学生和学校有好处，也对教师有好处，它会为教师提供应对挑战与成功所需的支持和时间（Sparks，2013）。

> 永远不要怀疑一小群有思想、坚定的人能够改变世界。事实上，古往今来，改变世界的都是这样的一小群人。
>
> ——玛格丽特·米德
>
> （Margaret Mead）

一项针对2000名现任和前任教师的调查显示，当教师们进行合作时，人员流动率更低，职业满意度更高，并且同事关系会更加稳固（McClure，2008）。同样，美国一项针对1002名全职教师的全国性调查显示，校内紧密的合作是教师向他人推荐该职业的主要原因之一（University of Phoenix，2015）。一项针对一万多名教师的调查显示，教师们认为帮助他们“学习如何最大限度地提升自己”的首要活动是“非正式协作”，并且在调查中表现最好的教师对“非正式协作”的评价非常高（TNTP，2015）。

本章以课程计划为例。当然，这些策略也可以推广到其他合作项目。例如，教师可以通过各种方式合作，形成专业学习网络（PLNs），帮助彼此成长和发展。

说到课程计划的合作，我对本章开头艾科·德威特的自白产生了共鸣。我和同事们分享了我所有的课程，但使用其他老师的课程计划对我而言却是一件困难的事。经历了三次觉悟，我不再抗拒合作：

- 单打独斗的效率太低，无法长期维持。
- 我的关注领域可能是另一位教师的盲点，但他的关注领域也有可能是我的盲点。

- 多名教师的参与可以提高教学质量。

这些觉悟我会在后面的内容中介绍。

在这一章的“教师自白”中，M. 佩什特的疏忽之处在于他只看到一节课。诚然，首次合作可能需要花许多时间才能完成，但接下来每节课需要花的时间和精力将会越来越少。本章有一节就是探究如何提高成功合作的概率，从而减少合作过程中产生的挫败感。

做好合作的准备

如果你在寻找出路的同时进行合作，你可能会受益较少且过早结束合作。以下策略可帮助你准备好与同事合作的心态。请根据你的实际情况选择合适的策略。

> 拥抱合作。他人的想法往往非你所能及。花时间和一群能够不断挑战和激励你的人在一起，这将会给你的生活带来翻天覆地的变化。
>
> ——艾米 · 波勒

明白单打独斗的效率太低，无法长期维持。想象一下，如果一家五星级餐厅限定每位厨师只能为一桌顾客烹饪，并让他们各自照顾好顾客。在这样的餐厅里，厨师们会重复彼此的工作，制作食物将会需要更长的时间，而且顾客们也不会享受到每位厨师擅长的菜肴。实际上，五星级餐厅会照顾到所有的顾客，每位厨师都会根据需要运用自己的技能。这在很大程度上解释了为什么这里的服务一流、食物可口。

与同事（比如，合作伙伴、团队或部门）合作允许多个专业人员共同承担工作量，从而减轻每个参与者的负担。考虑到美国对教师的要求太多（参见“救援即将来临”一章的统计信息），教师单打独斗是不合理的。

明白自己的关注领域可能是另一位教师的盲点，反之亦然。我认识一位叫贾斯廷（Justin）的老师，他教学的首要目标是让学生们觉得上课很有趣。学生们在模拟剑战和表演戏剧小品的过程中获得了巨大乐趣。然而，有迹象表明，从学术角度看，学生学到的东西不多，也没有进行批判性思考。

贾斯廷当然可以从与其他教师的合作中受益。与此同时，他也有许多东西可以提供给他人。其他教师的课堂紧扣教学目标，严格地按教程进行，但学生对这样的教学方式并不感兴趣。贾斯廷跳出了常规思维模式，使用非传统教学方法，这可以帮助其他教师，让他们的课堂变得更加有趣、有效。

我们必须认识到每位教师都可能存在不足，每位教师也都有长处，只有谋求合作，我们才能实现优势互补。

学生 A：那些老师为什么会待在校长办公室里？

学生 B：我听他们说，他们在合作。

学生 A：“合作”是什么意思？

学生 B：据我所知，合作和打架差不多。

明白多名教师的参与可以提高教学质量。不同的小组成员通常有不同的专长，这有利于合作编写课程计划。另外，其他人会注意到我们忽略的东西，也会有我们想不到的想法。适当的合作可以提高合作的产出。合作的次数越多，你就越会注意到这一点。

※ 寻找合适的合作者

合作的一个障碍是，除了你自己，还需要合作者。在理想的情况下，同事们都会全力以赴，承担各自的责任。

下面的策略可以帮助你找到合适的合作者来完成课程设计、共同教学等任务，或者其他任何可以帮助学生的事情。请根据你的实际情况选择合适的策略。

从小处着手。与一位值得信赖的同事共同规划课程比与一群人合作更容易。一旦你和这位同事完善了合作的方式，你就可以邀请其他成员加入进来，一起贡献力量。

对你的第一次与人合作，仔细考虑一下这个可能会跟你合作的同事是否具备以下条件：

- 将会全身心参与到合作中
- 具备良好的人际交往能力（比如，合作精神和善解人意）
- 有时间（比如，你们有相同的计划时间）
- 教相同的学科内容（教学对象相似，尽管主流课程可以适应不同学生的需求）
- 遵循相同的进度计划（比如，你们都要教整数，因此，你们都需要关于整数的课程计划）。

用以上方法来寻找合作者，直到至少找到一位可以合作的合作者。

请求管理人员为你推荐合作者。学校管理人员通常很清楚哪些教师可能会从合作关系中获益，成为良好的合作者。例如，玛丽·贝丝·库纳特（Mary Beth Cunat）校长不仅可以根据学科内容，而且可以按照优势互补、性格互补的原则，将教师组成搭档（Thompson，2015）。在管理人员的建议下，原本不愿意合作的教师甚至可能积极地参与到项目中来。

一些管理人员可能会推荐有困难的教师，希望你能帮助他们。在这种情况下，你要明确地说明你正在努力避免职业倦怠，此时的你只能接受一个平等的合作伙伴。一旦你和一个合格的伙伴合作得很顺利，你将处于一个更有利的位置，就可以逐步增加需要特殊对待的合作者。

地区管理人员通常知道高效的团队已经在合作了。这些管理人员可以充当桥梁，建立整个地区的规划团队（并且帮助你成为其中一员）。例如，让来自不同学校的感兴趣的老师加入特定年级或特定部门的小组。

利用技术寻找合作者。你可能会感到惊讶——利用技术找到知己如此容易。我住在加利福尼亚州，与我合作最多的是住在田纳西州的玛吉·约翰逊（Margie Johnson）博士。我们最初是通过技术认识彼此的，当时她从一个网站上了解到我正在进行一项研究，于是主动和我联系。现在我们通过网络进行远程合作，并共同出席美国以及国外的会议。

当你通过互联网与世界分享你的想法（比如课程计划的构想）时，你可以找到与你有同样想法和职业操守的人。本书的“技术”一章将以简易的方式为你提供技术支持，包括社交媒体，这可以引导你找到合适的合作者。

寻找一位导师。导师的价值往往被忽视，实际上，导师可以缓解被指导者的焦虑，培养其技能，并提供同龄人无法提供的观点（Perlman，2013）。适当的指导对预防职业倦怠至关重要，尤其对新手教师而言，缺少这样的指导会直接提高压力水平（Skovholt & Trotter-Mathison，2011）。

在美国一项针对1002名全职教师的全国性调查中，53%的教师认为导师计划（尤其是那些支持新手教师的计划）是提高教师留职率的第二好的方法（University of Phoenix，2015）。美国教育部下属的国家教育统计中心对1990名第一年入职公立学校的新手教师进行了调查，发现在接下来的一年里86%的有导师的教师继续从事该职业，相比之下，没有导师的教师这一比例降为71%（Gray & Taie，2015）。认真考虑你能否从导师那里受益，即使只是在工作的某些方面。

免费资源

“连接教育者”（EdConnectr）是一项免费服务，它可以根据专业教育主题为你匹配专家合作者。

※ 提高成功合作的概率

只有合作顺利进行，我们才会获得合作的回报，比如工作量的减少。让不同的人同心协力完成工作是一件困难的事，为了排除合作之路上的任何障碍，每一步都需要小心谨慎。

兰西奥尼（Lencioni）关于团队合作的五种机能障碍的研究，可以帮助教师团队实现更加高效的合作（Sparks，2013）。下面的前五个策略就是为了克服兰西奥尼（2002）提出的潜在的机能障碍而设计的。所有这些策略都有助于提高成功合作的概率。请根据你的实际情况选择合适的策略。

注重结果。合作成员很容易被谈话和讨论一节课的细节分散注意力。如果团队合作无果，那就失去了合作的意义。

从一开始就确立和讨论团队的目标，可以建立以结果为导向的期望。此外，想要获得成果，就必须专注于重要的产出。课程计划应该从分析所教学科的标准着手（比如，CCSS 或 NGSS），并不时回顾一下课程实施的时间表。如果你一直在特定的时间内专注于引导学生掌握这些标准，那么你就不太可能被华而不实且毫无价值的产出分散注意力。

如果你没有在团队的首次会议上明确以下几点，团队成员可能会感到困惑，觉得既浪费时间，又为团队贡献较少，甚至会选择完全退出：

- 为何要成立这个团队
- 每个团队成员的相关知识和技能
- 团队的预期目标是什么
- 工作时间表
- 每个团队成员都应该遵循的标准（Strathman，2015）

一旦有了期望，你就要注意它们能否实现；如果不能实现，就要及早干预。本节中的其他策略，例如，清楚地了解每个项目以及利用工具，可以帮助你轻松地跟踪团队合作的进展。

建立问责制。本节其他策略中介绍的方法等可以用来促进问责制的建立。然而执行问责制需要大家发现问题时直言不讳。

例如，如果团队成员经常错过最后的期限，或是直到最后一刻才兑现承诺，那么就需要尽早解决这个问题。和喜欢拖延的团队成员一起讨论拖延会给其他成员带来什么样的额外压力，并要求他们更好地遵守最后期限。如果你以尊重的方式与他们交流，比如，承认自己也会与拖延症作斗争，分享你认为有用的方法，你的同事就会有更好的机会改进。这会减轻你和其他受“拖延症患者”影响的老师的压力。详情请参阅下面的“提前完成任务”策略。

需要承诺。在理想情况下，你应该选择那些愿意在团队中贡献自己力量的合作者。然而，问题仍会出现。为了防止问题复杂化，你需要和大家一起制定并遵守明确的基本规则。如果规则被打破了，请参阅其他策略的及早干预技巧。

制定并遵守基本规则。要想合作成功，团队成员就要一起讨论你们想要共同遵守的规则。建立和执行这些规则，可以明确对行为、时间以及地点的期望（Strathman，2015）。规则可以包括以下几点：

- 守时。
- 会议期间关掉电子设备（比如手机）。
- 尊重团队成员。
- 信守承诺。
- 敢于说出自己的想法，为团队贡献力量。

当团队偏离了基本规则时，要及早说出来。

建立信任。每个成员可以通过展示对团队的关心与贡献来增强信任。此外，它还取决于成员们的专业能力以及是否相互尊重。

记住，在任何团队中存在意见分歧都是很自然的，它不应该被认为是对个人的冒犯（Strathman，2015）。尽量避免对他人品头论足，如果听到这方面不适宜的言论也请你指出来。

同样，你需要密切关注团队成员如何对待彼此。例如，艾克·N. 德威特（Ike N. Dewitt）习惯在某些团队成员发言时翻白眼。在私下被问及这个习惯后，艾克立即纠正了自己的行为。原来他并没有意识到自己在翻白眼，他其实很高兴有人有勇气向他指出这一点。

对不同意见持开放态度。由于成员之间避免出现意见分歧，许多合作团队未能从多样化的智慧中获益（Strathman，2015）。讨论这样一个事实：每个参与者都应该表达自己的观点，即使与他人的观点不同。你仍然可以肯定不同观点的价值，同时礼貌地表示反对。

清楚每一个项目。试想一下，你和团队里的另一个成员都在负责某一节课的同一个环节的设计，彼此却不知道，当你了解到你们在做重复的工作时该多么沮丧。与此相反，试想一下，一天早上你正打算接收另一位团队成员设计好的课程，而他也正好期望从你这里得到你设计好的课程（也就是说两个人都没有设计该课程），你该多么惊慌失措！

对你们合作处理的每一节课的相关资料（例如，教学案例、讲义、测验等），你应该清楚地知道谁在做什么，什么时候做。工具为记录这些任务提供了很大的帮助，下一节我们将介绍这些工具。

提前完成任务。教师这个职业充满了惊喜和突发事件。你设置的完成日期（例如，当你要完成一个特别的课程设计时）应该比实际截止日期至少提前两天，以防突发事件打乱你的计划，让你无法按期完成任务。这样，你就不必为了完成任务而在截止日期前一晚通宵工作。请参阅“建立问责制”策略（前面分享过），帮助团队成员按时完成任务。

制订一个有利于合作的时间表。你需要有计划时间，但更理想的是，你和团队成员共享相同的计划时间。如果你们的合作对其他老师有益（例如，如果你对整个学校或地区使用的课程管理系统做出了贡献），你们甚至可以获得额外的计划时间。请参阅“工作量”一章，它可以帮助你争取到更多或特殊的计划时间。

当面对面合作的时间不足时可以在线合作。虽然面对面合作是最理想的，但一个有局限性的合作计划总比一个太过雄心勃勃而无法持久的计划要好。在建立了基本的规则和协议之后，你可以通过运用技术共享课程来进行在线合作。怀德伍德 IB 世界磁校（Wildwood IB World Magnet School）的教师会进行面对面合作，但他们也会在谷歌云端硬盘上分享他们的工作，这样教师就可以在没有会面的情况下检查和复制同事的工作成果（Thompson，2015）。

※ 利用工具

工具可以帮助你进行组织管理，清晰地沟通，跟踪在合作过程中需要做什么。无论是对人数较多的团队还是两人团队，记录合作情况都尤为重要。

下面的策略将帮助你利用一些技术难度不太高的工具，确保你的工作一直在正轨上。根据你的实际情况选择合适的策略。

考虑使用“图形组织者”、日历、待办事项清单及技术。选择一项能为你和同事的工作服务的技术，并且让每个人都能较为顺畅地使用这项技术。此外，要根据团队的需求调整工具的使用。例如，你可以从谷歌文档上一个简单的待办事项清单开始（比如，只记录尚未完成的事情）。然后，当你的团队越来越熟悉谷歌文档和合作流程时，他们就可以从下面描述的表格中获益。

利用表格跟踪任务及其完成情况。你可以使用这里的合作式课程计划表（精简版）来持续记录需要做什么，由谁做以及何时做（参见电子资源中的扩展版，它让你有空间来填写）。这个表格意味着每周都有不同的页面。注意，任务可能会偏离课程计划（比如，下面的合作式课程计划表填写范例允许合作复印，虽然这本书有关于“无纸化”的提示）。

合作式课程计划表（精简版）

使用说明：在每个单元格中，写明谁正在完成什么项目或任务，以及计划何时完成。根据需要添加具体信息。

具体信息：

授课日期	单元	项目	项目	项目	项目	项目
周一						
周二						
周三						
周四						
周五						

合作式课程计划表填写范例

在每个单元格中，写明谁正在完成什么项目或任务，以及计划何时完成。根据需要添加具体信息。

将项目加载到地区课程管理系统（CMS）中，访问级别设置为“全校范围”（请拨打地区技术热线 800-000-0000 寻求帮助），并且比授课日期至少提前两个工作日，就视为完成了项目。在授课日期前一个工作日内，将 40 名学生的所有课程资料的复印件放入每个团队成员的教师信箱内，就视为完成了复印任务。

授课日期	单元	热身练习	教学计划（活动）	家庭作业	测验	复印
星期一 2016.3.7	第 7 单元：作者介绍（第 11 章），单词分析（练习册第 9 章）	马克（Mark） 2016.3.2	赫拉（Hera） 2016.3.2 线索游戏	赫拉 2016.3.2	不适用	马克
星期二 2016.3.8		阿洛塔（Alotta） 2016.3.3	凯（Kay） 2016.3.3 裁判活动	杰斐逊(Jefferson) 展示视频项目 2016.3. 3	不适用	阿洛塔
星期三 2016.3.9		马克 2016.3.4	范（Van） 2016.3.4 合作案例构建	范 2016.3.4 学生需要海报用纸	不适用	马克
星期四 2016.3.10		阿洛塔 2016.3.7	拉什（Rush） 2016.3.7 写作活动	拉什 2016.3.7	不适用	阿洛塔
星期五 2016.3.11		卢克（Luke） 2016.3.8	赫拉 2016.3.8 故事分享	不适用	卢克和拉什 2016.3.8	马克

考虑使用谷歌文档。谷歌文档是一种可以协同工作的文档，这样所有合作者都可以看到最新的版本，因此，它是一个记录合作团队工作的好工具。例如，你可以从电子资源中复制表格，然后将表格粘贴到每个成员都具有编辑权限的谷歌文档中。如果成员想查看任务状态或任务完成后想更新，可以点击谷歌文档的链接。你甚至可以用颜色突出显示未完成的任务，在完成任务后取消突出显示。

每个人都可以通过注册一个免费的 Gmail 账户来使用谷歌文档。有关如何使用谷歌文档的详细信息（例如，如何创建和访问谷歌文档），请参阅“技术”一章。合作团队还应注意以下事项：

• 授予所有成员编辑文档的权限。
• 当所有成员都在场时，首次使用这个表格，要确保所有成员都知道如何访问和使用这个文档。

技术工具

关于如何获取和使用技术工具的指南，请参阅“技术”一章。

考虑使用课程管理系统（CMS）。CMS 是一个计算机操作系统，最好是在线的，教育者可以在这里创建、存放、共享和查找课程计划以及相关资料（比如，学生的作业和测试）。CMS 和学习管理系统（LMS）之间常常有重叠。在同一个 CMS 中处理课程通常会促进课程编写、交流的一致性，并且使课程易于共享和访问。

通常情况下，你可以在 CMS 中直接附加与课程相关的资料（例如，当课程涉及游戏、相关的家庭作业和测试等时，可直接复制并使用的游戏板）。如果课程的创建者向所有合作者提供课程的编辑权限，合作者通常可以在完成课程后添加相关资料。有关使用 CMS 的详细信息，请参阅“技术”一章。

〔思考练习〕

以下题目可以单独回答，也可以分组讨论。

1. 关于与同事合作，描述你对此有什么保留意见。

____

____

____

2. 请阐述教师在课程设计中有必要合作的三个方面。

A.____

B.____

C.____

3. 确定三个你能与之有效合作的同事。

A.____

B.____

C.____

4. 试想一下，你与你上面提到的三个人（第 3 题）准备就整个学年的课程计划等进行合作（如果你能将本练习作为一个真实的合作计划，并按照下面所写的答案来实践，你将从本练习中收获更多）。请回答以下问题：

你们将遵循什么内容标准？

在开会和合作时，你们将遵循什么基本规则？

你们将使用什么工具来描述和跟踪谁正在做什么以及计划何时完成？

如何设定完成期限（例如，比授课日期提前两天）？

9 乏味
“我的工作真的很枯燥、很乏味”

教师自白：我一直非常喜欢教书。在工作的第一年，我心潮澎湃，但我不知道自己在做什么，我祈求学生千万别看穿这一点。后来我好多了，当我能把事情做好时，我看到了工作的意义。31年过去了，我的工作却突然给我抛出了难题：我完全知道该怎么做，工作激情却消失殆尽。这一切都是可以预测的，这并不可怕，但说实话，我还是不想日复一日、年复一年地做相同的工作。

——雷亚·皮特（化名）

众所周知，教师的工作节奏令人抓狂，但雷亚·皮特这种情绪并不少见。令人惊讶的是，“工作单调乏味”是导致教师职业倦怠的五大原因之一（Elias，2015）。

认知匮乏和单调乏味是职业倦怠的主要危害之一（Skovholt & Trotter-Mathison，2011）。鉴于教学压力，教师很少会感到工作单调乏味。然而，有了丰富的教学经验，教师可能会缺乏认知挑战，这可能是有害的。

重要的提醒

在参考这本书中的任何策略时，请记住选择最适合自己的策略。例如，如果目前的工作让你不堪重负，你就应该放弃这一章中增加工作量的建议。

认为工作单调乏味的教师往往是经验丰富的教师，他们的教学技艺已经炉火纯青。如果这些教师采取打破常规的策略（其中许多策略涉及帮助同事和学生），他们就能在扩大影响力的同时，重新谋得职业乐趣。

如果你是这样的教师，你的专业知识尤其有价值。幸运的是，你打破单调乏味的过程应该比新教师面临的大多数挑战更令人愉悦。

※ 向“一成不变”宣战

绍梅利（Saumell，2014）是一位拥有超过25年教龄的老教师，建议把对抗“一成不变”作为一种避免职业倦怠的策略。下面这些策略可以帮助你打破一成不变的工作常态。请根据你的实际情况选择合适的策略。

做好改变的准备。如果你已经陷入了一成不变的僵局，并且逃避挑战，那可能是因为你害怕改变（像大多数人一样）。一组研究证实，相比追求新的状态，人们更喜欢维持现状，尤其是在之前的状态已经存在了很长一段时间的情况下（Eidelman，Pattershall，& Crandall，2010）。

对你改变工作方式的感受进行诚实评估，改变的方面不仅包括教学常规、工作习惯、使用的技术手段，还包括你在阅读这本书的目录时想到的其他主题。确定你最害怕改变的方面，在接下来的改变过程中，你需要时常思考这些你最害怕改变的方面，以免它们让你之前的努力付之一炬。

师：你的万圣节服装在哪里？我以为你会把自己装扮成超级英雄，但你竟然穿着宽松的裤子、炫目的高领毛衣和舒适的鞋子。

生：这确实是我的超级英雄服装，因为我的老师经常这样穿。

找出让你感到单调乏味或烦恼的事务。反思：

- 对哪些日常事务，你已丧失兴趣，只是走过场？
- 面对哪些日常事务，你会情绪低落，并抱怨“我的天，又来了”？

这些让你感到单调乏味的事务既可能发生在课堂内，也可能发生在课堂外。如果你无法分辨，你的学生可以帮到你（比如，“在整个日记分享过程中，你看上去并不开心”），你的亲人也可以帮到你（比如，“批改日记时你总是抱怨”）。

你恰好可以从这些让你感到单调乏味的事务着手，做出一些改变。你可以遵循书中的策略，用让你兴奋的日常事务来替代它们（例如，你可以采用本章或“工作量”“课程”“技术”等其他几章所提供的策略）。

从小事开始改变。你可以像小孩学步一样，慢慢适应变化，以免影响课堂教学。找到一些小窍门，用稍微超出舒适区的事情来替代你的日常事务。例如：

- 开车去学校时，走不同的路线。
- 每天在不同的地方吃饭。
- 与不同的同事和学生坐在一起。
- 站在教室门口迎接学生，而不是站在黑板前。
- 和另一位老师交换休息时间的任务。
- 穿新衣服。

…………

当你越来越适应这种改变并希望能享受它时，你将会为之后做出更大的改变做好准备。

改变你的教学。如果你做好了迎接更大改变的准备，你就

教师：为了避免单调乏味，我开始与来自多斯拉克的学生交谈。有趣的是，在多斯拉克语中居然没有“行为干预计划”这句话。

可以改变你的教学方式或教学内容，这听起来让人十分兴奋。绍梅利（2014）建议教师教不同年龄或不同年级的学生，使用不同的教学材料，向上级提出新方案，还可以改变在课堂中开展的拓展活动。珍妮特·德雷尔在过去的33年中，曾执教过不同年级的学生，她说正是这些改变帮助她坚守在教师岗位上。伊莱亚斯（Elias，2015）建议，运用创造力，例如，通过差异化教学或个性化教学，让自己精力充沛，从而与职业倦怠作斗争。

这些建议并不是针对那些对教学计划感到不知所措，并且处境很艰难的教师，而是针对那些对教学不再感到兴奋的教师。

经过研究（你可以补充），很多人进行了新的教学尝试，它们可以让你重新想象该如何教育学生。例如，混合式学习、个性化学习、合作式学习、翻转课堂、高度差异化教学、干预反应模式（RTI）、游戏化教学、项目式学习（PBL）和创客空间等。了解研究动向，找到一种适合你和你的学生的教学方式。你可以从小事做起，甚至可以把它们的精华部分结合起来使用。你的班级甚至可以成为其他教师观摩和复制的样本。

订购并阅读教育出版物。如果没有每天接收过多电子邮件的烦恼，你可以订阅各种教育出版物，如电子快讯，这是让自己了解令人兴奋的教育发展趋势的好方法。你可以为自己的课堂收集想法，并参与在线评论。

许多电子快讯是免费的，展现来自世界各地的教育专家的观点。访问这本书的电子资源，找到你可以订阅的出版物，或加入社群参与讨论。当你发现特别感兴趣的主题时，你可以阅读关于这些主题的图书，以获得更多的专业知识。绍梅利（2014）建议教师通过专业发展来避免职业倦怠，比如，做研究、阅读，以及深入探索教学的某个方面。

观看视频或参加会议。网上也有很好的视频内容可以满足教师们的学习需求。

- 美国公共电视网学习媒体（PBS LearningMedia）

- 美国教学频道（Teaching Channel）
- 美国“教学思想”（Teach Thought）
- TED-Ed 教育频道：值得分享的课程，http://ed.ted.com

你也可以在 Vimeo 或其他网站上搜索特定的主题。Vimeo 上不包含任何成人内容，因此更适合教师（而且不太可能被学区的网络防火墙屏蔽）。

> 与世界分享你的想法和热情从来没有像现在这么容易。
>
> ——彼得·戴曼迪斯（Peter Diamandis）

本章其他地方分享了一些会议信息，你既可以参加这些会议，也可以参加你所在地区的其他会议。供应商通常会举办免费的研讨会，所以你可以在网站上搜索你经常使用的产品（比如软件），以了解会议信息。利用这些学习机会，你可以与其他专业人士交流，学习一些使人振奋的东西。

寻找和你一起改变的伙伴。当你有好的伙伴时，你一般不会感到无聊。找一些和你一样愿意尝试新鲜事物的伙伴，然后一起践行新常规。例如，你们可以在休息时间一起散步，合作完成一个新项目，一起写教育类图书或文章，等等。任何能触发你思考、让你兴奋的事情都是值得做的。

担任导师。众所周知，学员们会受益于导师的指导，导师同样可以从中获益良多。担任导师的好处包括获得认可、有更好的工作表现和收获有意义的经历（Eby，Durleya，Evansa，& Raginsb，2006）。

你可以考虑成为周围需要帮助的同事的非正式导师，或者以更正式的身份指导他人。如果感兴趣，你可以和校长、新教师支持与评估（BTSA）入职协调员或者其他可能需要你指导的学员的领导沟通。此外，不要把学生当成学员对待。许多学生在课余时间需要成年人的指导，他们可以从课前、午休或放学后与老师相处的时间中获益。

这种策略并不适用于所有人，因为辅导他人需要花时间，许多面临职业倦怠的老师就不适合担任导师。导师制度被推荐给能抽出时间的老师，这意味着导师不会感到不堪重负，并且他们的工作已经步入正轨。

收拾行囊。巡回教师莉莉·马歇尔（Lillie Marshall）就教师们如何通过申请奖学金和项目免费周游世界的问题提供了指导（www.teaching-traveling.com/tag/grants）。参与暑期志愿者项目也是一个选择。例如，你可以通过“非洲新的一天”（Africa New Day）到刚果教弱势青年。即便你获得了一个假期，并计划独自去国外教学，等待你的是充满挑战的教育人生。

寻求挑战

有时，用一种常规替换原先的常规并不足以打破你单调乏味的魔咒。想要打破魔咒，你需要寻找一个挑战。美国一项针对1002名全职教师的全国性调查显示，终身学习机会的存在是教师向他人推荐该职业的第二大原因（University of Phoenix，2015）。

以自己的方式进行健康、适当的尝试是一个人具有成长型思维的标志（参见Dweck，2007）。挑战能帮助我们实现个人成长和教师专业成长，为学生树立成长型思维的榜样，以更好的教学服务学生。

以下策略能帮助你以新的方式舒展你的“精神肌肉”（以及舒适区）。请根据你的实际情况选择合适的策略。

选择想要成长的领域。“混合式实践概要”（Blended Practice Profile）（http://blendedpractice.com）提供了一种自我评估的工具。你可以利用它更好地了解自己的长处以及可能需要改进的地方。参与这个调查，确定你想要成长的领域，以成长型思维和冒险精神来实现这种提升。

自我反省也有助于成长。要诚实面对自己的弱点，如果遇到困难，你可以考虑请你的亲人提出建议，然后用心倾听。例如，你可能意识到自己是一个很难满足的人。在可能的情况下，你可以通过阅读和心理咨询探究原因，把精力放在探索这个领域上。

> 大胆去做吧。如果要犯错，那就犯一个非同寻常的错。
>
> ——比利·琼·金（Billie Jean King）

你也可以基于兴趣来选择领域。三年级教师朱莉·杜德里奇（Julie Dudridge）建议，你可以继续探索自己感兴趣的领域（如艺术、地质学、音乐等），并与学生分享你学到的东西。当教师富有激情时，学生对学习会更加感兴趣。有成效的努力将使你的学生、亲人以及你自己受益。

承担一个新项目。一个新项目不仅可以改变教学或常规，甚至可以延伸到你的课堂之外。例如，涅托（Nieto，2015）在一本书中介绍了玛丽·杰德·黑尼（Mary Jade Haney）的职业经历：她协助他人完成了一次学生国际旅行，与其他老师合作创办了学生戏剧团队，并鼓励学生进行“快闪”表演。你可能会：

- 与管理部门合作，实施同伴导师计划等。
- 编写课程计划，并在网上销售。教师迪安娜·江普（Deanna Jump）在“教师付费给教师”（Teachers Pay Teachers）上销售她的课堂资料，销售额超过了 100 万美元（Corcoran，2012）。
- 发起一次跨地区的教师交流，分享最佳的实践成果和课程计划。
- 与同事合作创建一个教育技术类 APP。你可以在网上了解相关信息，寻找灵感，密切关注教育技术行业。或者浏览“你的大学”（Udemy）的教师技术倡议。在这里，任何一个 K–12 教师只需花 10 美元就可以参加一个自由编程的课程。
- 写一本书或在教育刊物上发表文章，分享你的专业知识（参阅本书电子资源中很长的出版物清单，寻找一些市场空白）。

- 绍梅利（2014）建议开博客。Edublogs（https://edublogs.org）专门为教师免费提供博客服务，它使用起来既简单又有趣。

天空才是极限，一切皆有可能。

出售课程计划的网站

"更好的课程"（http://cc.betterlesson.com/home）

"教师付费给教师"（www.teacherspayteachers.com）

TES（www.tes.com）

带着你的专业知识前行。卡罗尔·布赖特（Carol Bright）在布埃纳帕克初级中学（Buena Park Junior High）任教16年，她以严谨著称。我从卡罗尔身上学到了很多，比如，如何让长期表现不佳的学生掌握先进的概念和技能。当卡罗尔在工作中感到压抑时，她申请参加了加利福尼亚天才协会（California Association for the Gifted，简称CGA）的会议，这是一个她长期参加并赞誉有加的活动。卡罗尔在会上的报告很受欢迎。其他学校的教师（有些是卡罗尔所在地区的教师）参加了这次活动，因此希望她将来能为他们学校的教职工做报告。卡罗尔知道自己受到了赏识，感到一阵兴奋，现在她对学生的影响甚至比以前还大。

找一个与你的专业领域相匹配的会议，并申请参加。有时参加会议是免费的，并且你能够从其他专家那里学到很多。

如果会议时间和你上课的时间冲突，或者你希望学校能够帮你支付注册费，你可以提前通过校长做好安排。你越早提出要求，你就越有可能获得管理部门的支持。你要准备好所有的细节（时间、成本、专业发展的好处以及最终将如何服务学生等）。

在线会议是比较理想的。以下在线会议中，很多是由史蒂夫·哈加登（Steve Hargadon）创办的。在线会议甚至适合演讲新手，尽管有丰富的专业知识，但是站在同行面前他们可能还是会感到不自在。

在线会议

全球教育会议（www.globaleducationconference.com）

学习 2.0 会议（www.classroom20.com/page/2012-learning-2-0-virtual-conference）

学习变革项目（www.learningrevolution.com）

图书馆 2.0 会议（www.library20.com）

在线会议的优势包括：

- 你可以在家里或学校里参加在线会议，无须任何差旅费。
- 有许多时间段供你选择，通常 24 小时均可选择（因为有许多国际观众），所以你可以选择自己没有教学任务的一个小时来参加会议。
- 会议无须付费。
- 当你在线演讲时，与会者只能看到你的幻灯片（你可以提前制作并上传）。这意味着你可以一直把演讲稿放在面前，但是没有人会看到你正在使用它。
- 在线演讲（第一次演讲）会让你以后在现场观众面前做同样的演讲变得更容易。
- 在会议之前和整个会议期间，都有会议志愿者在场（在线）。志愿者可以提供技术帮助，或者在你发言时，他们可以回答与会者在侧边栏中发布的问题。
- 会议过程会被记录下来，将来任何时候你都可以和其他想观看这个会议的人分享这个链接。

这些会议覆盖全世界的观众，具有极好的口碑。

和同事们分享你的教育心得。当你以独特的方式在课堂中创造奇迹时，只有你的学生从中获益，这实际上不是一件那么光彩的事。无论你的教育专长是什么，你的同事总能从中学到一些东西。

和校长谈一谈，你想和你们学校或所在地区其他学校的老师分享你正在做的事情。你可以在教职工培训时间或者可以选择性参加的专业发展会议上进行分享，你甚至可以让同事到你的课堂上观看你是怎么做的。

把你脑海里所想到的总结成一到三个句子或者几个要点。这将有助于校长看到你演讲的价值，并了解它如何与学校的教师专业发展工作相适应。如果你已经在国际上发表了同样的演讲，这很可能会进一步提升校长的兴趣。

担任评委。教育领域的许多非营利性组织为学生、教育工作者或教育技术供应商提供了获取荣誉、资金的机会。这些组织常常会请拥有教育专业知识的教师担任评委，你可以考虑申请加入其中一个评审小组。

担任评审的机会

由美国南加州公共广播公司、富国银行和“发现教育”等共同赞助的加利福尼亚学生媒体节

21 项教育相关技能学生创新博览会

由宾夕法尼亚大学教育研究生院主办的米尔肯－佩恩 GSE 教育商业计划竞赛

本科生奖

做志愿者。鉴于这本书用整整一章来讲如何不做志愿者，做志愿者这项策略并不适用于所有人。然而，学校和学生依赖志愿者。如果你能抽出时间，这意味着你自己的工作已经步入正轨，不会为新的任务感到

不堪重负，那就放手去做吧。考虑一下你所在学校的志愿工作的类型，选择一项你可能会喜欢的志愿工作。你所在地区可能也会提供志愿工作机会。你也可以和领导们说说你的喜好、兴趣和可用时间，获得他们的帮助，以便找到合适的志愿工作。

> 志愿者不会得到报酬，不是因为他们毫无价值，而是因为他们是无价的。
>
> ——谢里·安德森（Sherry Anderson）

参加一项竞赛。无论你是为学生参加竞赛，还是只为你自己参加竞赛，竞赛总是令人兴奋，并能让与竞赛主题相关的课程单元重新焕发活力。找到一项你感兴趣的竞赛。

教师奖项及荣誉

菲什曼奖

美国国际教育技术协会（ISTE）奖

门萨杰出教师奖

米尔肯教育家奖

美国国家教育协会卓越教学奖

享有“教育界诺贝尔奖”之称的瓦尔基基金会全球教师奖

- 在搜索引擎上搜索“年度教师奖”。
- 在社交网络的搜索栏里输入“学生竞赛”或“教师竞赛”，然后找到你感兴趣的链接。
- 在网上查找相关信息，寻求挑战、资助或其他与教育技术相关的项目。

你也可以考虑申请上面列出的奖项。

申请奖学金或项目。奖学金和专业发展项目通常会为你提供完善的指导，让你的实践更上一个台阶。它们有时还会让你参加新任务，例如政策制定。你可以考虑申请下列选项中的一项：

- 美国成就教师和校长奖学金
- 苹果杰出教育工作者（ADE）计划
- 谷歌教师学院
- 希望街集团全国教师奖学金计划
- 教学与教学策略奖学金
- 富布赖特杰出教学奖
- 美国教育部教学大使奖学金

获得国家认证。研究美国国家专业教学标准认证委员会。这一高级认证在教育界受到了广泛认可。许多州和学区甚至提高了获得该项认证的教师的工资。

加入一个社群。即使你很害羞或有些惧怕科技，也有一些简单的方法可以让你开始。这本书的“合作”和“技术”两章分享了加入社群的方式，比如，学校的专业学习社群（PLCs）、在线论坛或推特（Twitter）。教育工作者可以建立或加入一个“挺身而出互助圈”（*Lean In* circle），你会从中获得激励和启迪。

如果我们能够有效地维护社群，社群就会激励我们，促进我们的个人和职业成长。缺乏社群意识是人们产生职业倦怠的主要原因之一（Maslach & Leiter，2008；Skovholt & Trotter-Mathison，2011）。如果不积极地与同行交往，教学可能是一种孤独的体验。

教老师。你可以通过很多方式教你的同行，这可以让你与更广泛的受众分享专业知识，从而影响更多学生的生活。

如果你对教授大学课程感兴趣，可以试试下面的方法。

- 访问当地大学网站的“工作”或“职业”页面，申请其教育学院或独立教学项目的工作。大多数终身教授需要博士学位，但有些讲师职位或其他支持性职位并不需要博士学位。

- 访问当地大学的“拓展”或“继续教育”网页。这些学校经常为教师提供课程，但很少在学校的常规网站上列出其职位空缺。
- 访问高等教育招聘联盟（HERC）网站（www.hercjobs.org），在全美范围内搜索职位。请注意，你可以按地点和关键词（例如，你只想在线教学）来筛选这些工作。

通过网上授课赚钱

“多元视觉”(www.pluralsight.com)

“技能分享”(http://blog.skillshare.com)

“你的大学”(www.udemy.com)

在大学系统之外，你可以通过多种方式给老师们授课。例如，你可以考虑利用大规模开放在线课程（MOOC）或其他平台授课，这些平台允许老师通过教授自己设计的课程赚钱。“你的大学”（Udemy）排名前十位的教师平均每人赚 50 万美元，这意味着有些教师的收入更高（O'Dell，2013）。教师斯科特·艾伦（Scott Allen）通过 Pluralsight 平台销售课程，5 年内赚了 180 多万美元。在这个平台上，教师的平均版税为 4 万美元，排名前十位的教师的平均版税为 25 万美元，排名前五位的教师的平均版税为 40 万美元（Lacy，2013）。

〔思考练习〕

以下题目可以单独回答，也可以分组讨论。

1. 描述你对改变的感受，并列举你的职业生活或个人生活中的相关例子。

____

____

2. 找出职业生活中让你感到厌恶或烦恼的当前任务。对这些任务，有什么替代方案能用更愉快的方式获得同样的结果？

____

____

3. 列出三种给你的日常生活增添色彩的小技巧。

A.____

____

B.____

____

C.____

____

4. 选择（画钩）一种你还没有在课堂上运用过，但认为具有可行性的教学方法做尝试，然后回答下面的问题。

- 混合式学习
- 合作式学习
- 翻转课堂
- 游戏化教学
- 全球化教育
- 更大程度的技术整合
- 高度差异化教学
- 创客空间
- 个性化学习
- 项目式学习

- 干预反应模式
- 其他：______________________________

____

具体而言，你将如何在课堂上运用这种教学方法，从而帮助学生学习，同时为你们所有人提供令人兴奋的体验？

____

____

5. 如果你每天接收过多的电子邮件，请列出四种与教育相关的出版物，当你有更多的时间阅读时，你可以订阅它们。如果你没有每天接收过多电子邮件的烦恼，订阅四份与教育相关的出版物，并在下面列出来。

A.______________________________

B.______________________________

C.______________________________

D.______________________________

6. 在美国公共电视网学习媒体、教学频道或 TED-Ed 教育频道中寻找与教师专业发展相关的内容，观看一段你感兴趣的视频，并进行描述。

____

____

7. 在你的生活中，谁会成为你出色的学员？

____

____

8. 请你选择一项你想做的工作并画钩，然后阐述从现在开始你将如何实施；如果你此刻已经不堪重负，阐述将来你会如何实施。

- 在这个领域成长：______________________________
- 加入一个社群
- 在会议上做一次演讲

- 和同事们分享你的教育心得
- 担任评委
- 承担一个新项目
- 教老师们一门课
- 做志愿者

____

____

____

第四部分

有用的工具和流程

10 课程

“我从零开始创造的东西比玛莎·斯图尔特[1]还多”

教师自白：现在我们都是按照美国《共同核心州立标准》来授课的，我们地区也给我们配备了很多新书、练习册等。但只让学生做书本练习，或者只是随意讨论，并不是好的教学方式。这些教学方式会让学生厌烦，甚至激起他们的破坏性行为。我需要那种符合实际且易于操作的课程来吸引学生，并让他们感受到挑战性。给学生可选择的课程，辅以作业及测试，并且把所有课程资料（热身练习、“图形组织者”等）融合在一起。我需要每个教学日都能这样。如果我没有找到这些资料并将它们融合在一起，我的课堂就不会成功。但这么多工作真的让我精疲力竭。

——安妮塔·布雷克（化名）

安妮塔·布雷克补充学校既定课程的做法并非误入歧途。在这种情况下，期待教师从地区所采用的课程中得到他们所需要的一切简直是天方夜谭。甚至官方认为“符合标准”的资料也常常是根据旧的或者不同

① 译注：玛莎·斯图尔特出身于一个清贫家庭，创立了玛莎·斯图尔特家居用品公司，被称为美国“家政女王”。

的标准编写的，并且事后再进行调整。比如，请记住“工作量”这章里的统计数据：配给教师的教材和资源很少真正符合它们应该涵盖的内容标准。

所以，教师们只能自己去查找或编写所需资料。然而，花在这上面的时间非常多，可能会让人精疲力竭。

- 美国劳工统计局公布的数据显示，公立学校的教师把更多工作时间（30%）花在课堂准备上，而不是其他任何专业职责上，甚至实际的课堂教学，只占用教师25%的时间（Krantz-Kent，2008）。
- 英国劳动力调查显示，教师每周无偿加班的时间比其他任何专业人士，包括律师和医疗卫生工作者，多12小时（Stanley，2014）。

大家普遍认为，如果没有教师的额外努力，目前的课程需求无法得到满足。然而，并非所有的努力都是有必要的，也不一定要从零开始设计新的课程。就像本章提到的，有很多方法可以减轻负担。

※ 利用同事的课程

还记得“合作”这一章里提到的五星级餐厅吗？让每位厨师只为一桌顾客烹饪菜肴，就会造成低效，甚至会带来大量不必要的工作。教育也是如此。如果成千上万的老师都要教同样的内容，他们就没有必要从零开始去设计新的课程。

以下策略可以帮助你从同事的辛勤工作中获益。根据你的实际情况选择合适的策略。

创建一个课程共享系统。我过去常常把我所有的课程计划及相关资料（比如，家庭作业和讲义等）都放在教师休息室里复印机旁边特定内容标准的活页夹里。我们教研组的同事有需要的时候，都可以翻阅和使用这些资料。当然，他们也可以把自己的课程资料添加进去，只要有证据表明这些课程成功地帮助学生掌握了这些标准。这些活页夹慢慢地会越来越厚，这就为老师提供了更多的选择。

我们在课程管理系统出现之前就开始使用这样的流程，不过，今天你可以在地区课程管理系统中创建类似的共享系统。如果未提供已购买的课程管理系统，你也可以使用免费的课程管理系统（方法参见后文）。虽然后者可能不如前者那么理想，至少你可以将写有课程内容的 PDF 挂在你所在地区在线员工门户网站的指定页面上，这样所有同事随时随地都可以通过互联网访问它们。哪怕没有提供门户网站，老师们依然可以免费使用谷歌文档来存储和共享资料。和当地教育技术或信息技术的负责人说说你的想法，这可以帮助你更好地了解你所在学校的可选项。

不管最终使用何种系统，你需要和同事聊一聊关于建立课程共享系统的事情。如果你所在地区多个学校的老师都可以访问这个系统并且了解你的共享策略，你就可以进一步扩展到所有人都能访问这个系统。

合作。请查阅本书“合作”一章，里面有更多的建议可以帮助你从同行那里获得课程。

- “分而治之”，先让每个同事单独完整设计一课，然后把他们设计的课放在一起，就完成了一个单元的课程设计。
- 把同一节课拆分成不同的组成部分（比如，你编写小测试，另一个老师编写热身练习，其他老师设计课程主体，等等）。这就需要做更多的协调工作。
- 在每一件事情上合作。

不管你采用什么方法，重温“合作”这一章的内容，并确保行之有效。协同工作一般会比单独工作的效果更好。

※ 与管理部门合作

其实，你自己可以采用很多方法来减少课程设计的工作量。不管怎样，你也可以和学校以及地区管理部门一起合作，以减少你的课程计划需求。

以下策略可以帮助你和管理部门做好安排，从而提供一个更加完整的课程库。根据你的实际情况选择合适的策略。

争取采用更好的资料。记住“工作量”这一章提到的只有少数课程资源是符合标准的（不管出版商怎么说）。如果你和同事发现所谓的标准资料（比如，教科书、软件等）并不符合标准，你需要和学校以及地区管理部门合作，以采用更好的资料。即使重新编排一系列课程可能会让你备感压力，但从长远来看，这会让你的工作变得更简单一些，因为那些查找和补充资料的工作将会大大减少。

补充的科学评估建议

美国科学促进会（AAAS）“教育者评估教学产品质量（EQuIP）科学量规”提供了一些标准，你可以根据这些标准评估课程质量以及它与《新一代科学教育标准》（NGSS）的一致性。

提出培训需求。教师并不总能得到适当的培训。美国教师联合会（AFT，2015）对超过 30000 名教师进行了调查。调查显示，在没有适当培训的情况下采取新举措是造成教师压力的最大因素。你一定要让管理部门知道，在当前的课程和资源条件下，你需要什么帮助。

建立跨学校的合作关系。通常情况下，学校不太愿意和周边学校合作。原因可能来自学校之间的竞争或对其他学校以及教职工的负面揣测。然而，教育工作者有丰富的专业知识储备，当学校之间共享资源时，教师和学生都会受益。

和你的管理者、教研组或者年级团队合作，联系毗邻的学校。你可以针对他们设法解决的按标准组织的课程计划及相关资料创建一个课程共享系统（正如前文所描述）。如果使用相同的进度指南，那么系统将会变得更加简单。如果进度不同，你可以在这一年中添加课程，以便在下一年拥有充足的课程库。

如果其他学校和你的学校在同一个地区，那么利用像课程管理系统（CMS）这样的区域共享系统就会使课程共享变得更加容易。不过，你也可以用免费的、开源的 CMS 工具与其他地区分享课程。与其他地区学校的合作需要管理员进行额外的指导，可能涉及一些隐私或知识产权问题，但这样的合作是非常有价值的。

※ 充分利用技术

让技术协调员或者其他技术支持人员来帮助你，根据需要，使用上一节中提到的策略。如果没有这样的技术专家，你还可以向有相关技术特长的同事或学生寻求帮助（计算机科学老师就可以给你提供很多帮助），或者向地方政府信息技术部门寻求帮助。

以下策略可以帮助你运用技术，从而使课程设计变得更简单。根据你的实际情况选择合适的策略。

使用优质的课程库或 CMS。像“激活教学”（Activate Instruction）和“咕噜”（Gooru）这样的 CMS 还可以用作课程库，你可以访问其他老师储存和分享在 CMS 中的课程。其他技术工具都是严格意义上的课程库来源，你可以在那里获得付费或免费的基于特定主题的课程。可以考虑本章列出的提供免费课程的开放教育资源（OERs，open educational resources）。

如果你访问相关网站，你将看到各种各样的工具。你甚至可以将每个索引页面的过滤器设置为“免费”，以便找到免费的资源。“技术”这一章为获取和使用 CMS 和其他课程库提供了进一步的支持。

使用开放教育资源（OERs）。OERs（比如，免费的课程计划、作业等）是任何人均可查阅、使用、修改或重新发布的免费资源。找到最适合你的一到三种 OERs，并定期使用它们（因此，你不必经常浏览新工具并了解其价值），可以大大减少备课时间。“教育乌托邦”（Edutopia）提供了相关资源的指南，美国教育部也提供了一个 OER 页面。

开放教育资源

这些网站提供免费和开放的课程，数据由戈梅斯 (Gomes, 2015) 提供：

- “更好的课程”，http://cc.betterlesson.com/home
- “咕噜”，www.gooru.org
- “学习注册”，http://learningregistry.org
- 知识共享开放教育资源网，www.oercommons.org
- “开放教育”，www.opened.com
- “分享我的课程”，www.sharemylesson.com

在线搜索。这个技巧不太好掌握，但你可以通过谷歌搜索等方法来找到优质的在线课程。如果你已经使用了本章提供的其他策略，但仍缺少所需的课程或内容，用在线搜索这种方法可能就是最有效的。请参阅本书电子资源中的谷歌搜索小贴士，从课程搜索中获益。

如果你发现一个宝贵的课程资源（例如，你在搜索时偶然发现了一个包含 60 堂优质课的网页），则可将该网页添加为书签，以便下次可以轻松访问。网页浏览器上的“帮助”栏，会给你有关书签的更多操作说明。你可以把自己喜欢的网站收藏起来，将来需要时，可以先搜索这些网站。

免费资源

EdConnectr 拥有 100 多名课程计划方面的专家，你可以通过这个搜索工具免费与他们联系。

使用课程计划模板或软件。课程计划工具（通常包括 CMS 和 LMS）可以帮助你在授课之前考虑课程的所有组成部分。如果你要与其他老师共享课程，而这些老师可能不会主动意识到自己忽略了哪些信息，那么提供详尽的课程信息就显得尤其重要。常见的课程计划信息包括：

- 所教学生（例如，七年级），如果课程有帮助特定人群（例如，英语学习者）的建议，就要加以说明。
- 学科领域（例如，代数 II）。
- 所涵盖的内容标准（例如，具体的 CCSS，以及每个标准的完整介绍）。
- 课程类型（例如，介绍游戏）及简要描述。
- 准备工作（例如，复印资料多少份，学生到达前需要准备的其他物品和装备，如何摆放资料等）。
- 课程导入（例如，热身练习或向初学者说明课程内容）。
- 课程指导（包括给学生明确的指导）。
- 作业配套说明（例如，“本课与干细胞立体模型作业项目配套使用”）。

如果你访问相关网站，你将看到各种可用的课程计划工具。你甚至可以将页面的过滤器设置为“免费”，以便找到一个免费的解决方案。

〔思考练习〕

以下题目可以单独回答，也可以分组讨论。

1. 设计一个可以让你和同事（现在或将来）共享课程的系统。请描述该系统，包含你将使用什么技术，以及你将如何推广该系统。

2. 在“合作”一章的思考练习的第 4 题，你设计了一个与教授相同课程的同事合作的计划。如果你还没有完成，想象一个你可能会和同事一起使用的合作计划。请写一封邮件说服某同事参与。邮件里还需要介绍你希望在哪些方面合作，以及你打算如何合作（包含使用什么技术，如何设定完成期限等具体细节）。

亲爱的同事，

3. 评估你所在地区分配的课程和资源与内容标准的一致性。请在下面描述显著的差距。最好与管理部门分享你的发现，以支持解决方案（例如，采用新课程或通过全区范围的努力来弥补差距）。

4. 找到一款你可以使用的课程计划软件，写出软件名称和网址。

5. 找到至少一个你可以使用的高质量课程库，并回答以下问题。

课程库的名字和网址是什么？

____

你将使用课程库来查找什么类型的课程？

____

你从这个课程库中发现并计划使用的某一特定课程的名称和网址是什么？

____

11 技术

“使用电视遥控器就是我最擅长的技术”

教师自白：不要笑我，我真的超级怕用那个平板电脑。我坐在培训教室里，培训员说的话就像外语一样。每个人都点点头，然后操作自己的平板电脑，但是我什么都没听懂。她说“点击那个图标”（什么是图标），“向下滑”（是在说死海吗）。我唯一知道的一个东西就是“鼠标”，但问题是平板电脑连个鼠标都没有。现在我们应该把这些东西用于各种各样的新计划，但是好像我身边的每一个人起点都比我高……他们说着同样的“外语”。我是个很聪明的人，但是现在这些新玩意儿让我觉得自己好笨！

——诺厄·盖奇（化名）

92% 的教师表达了想在课堂上使用更多教育技术的愿望，89% 的教师认可教育技术可以提高学生的成绩，教育技术不是可选品而是必需品的认知在美国越来越普及了（Staff and Wire Services Report，2013）。实际上，一项对 1002 名全职教师的调查显示，技术（有机会走入课堂的话）是教师会将这份职业推荐给他人的最重要原因之一（University of Phoenix，2015）。

然而，在一份涉及焦点小组的研究报告和一项对 400 名教师的全国性调查中，比尔及梅琳达·盖茨基金会（2012）发现，技术能力给美国教育系统带来的好处（尤其是教师关注的地方），不如给美国的商业、通信和生活方式带来的好处大。教师们不一定要利用全频谱技术，因此不可能从所有技术中受益。比如，大部分教师在自己的教学中从未使用过现有技术，这就使得他们更难以娴熟地运用教育技术产品。

教育技术的定义

几个世纪以来，课堂技术被认为包括了很多事物。一些人甚至争论说铅笔可以算作几代人的课堂技术。在这本书中，术语“教育技术”和“技术”是指支持教学或相关流程的计算机化或电子化的工具。

当然，我们不应该为了使用技术而使用技术。只有在技术工具反应老师或学生真实体验的情况下，教育技术才可以有效地提高课堂体验（Bill and Melinda Gates Foundation，2012）。因此，对每一种技术工具的选择，都应该是因为它具有解决课堂特定问题的独特能力，并且其使用者要坚持不懈地关注教育学。本章介绍的技术工具适用于绝大部分教师。不论你是技术新手还是高级用户，请先阅读获取技术的策略和技术使用说明。

※ 获得你需要的技术

在使用技术之前，你要获得适合你的需求（比如，教学、组织等）的有价值的技术。以下策略可以帮助你获得所需要的教育技术。根据你的实际情况选择合适的策略。

获得技术。当然你需要使用实质的硬件和软件。第一步是确认技术是否可用。通常一个地区有足够的硬件来满足教师的需求，但它们却在某个地方布满了灰尘，因为教师被告知要使用硬件，教师却不想使用。软件下载许可证经常被闲置，因为这些许可证是根据预计使用人数购买的，而当时在场的教师们下载过一次后，就彻底把它遗忘了。

> 我将密码改成了“incorrect”（不正确），这样一来，当我忘记密码的时候，它就会提示我“你的密码不正确”。
>
> ——佚名

与管理人员、同事，特别是教育领导者，以及地方政府信息技术部门分享你的技术需求。你越能清楚地说明你打算用这些技术工具做什么，以及学生将如何从中受益，人们就会投入更多的精力来帮助你。

> 当你用拳头打字的时候，你的语法是不会好的。
>
> ——C. F. 佩恩（C. F. Payne）

向管理人员申请。如果你最终需要由地区资助购买技术，更改基础设施等，管理人员的参与是必要的。

向管理人员发邮件提出技术请求

主题：技术请求

亲爱的____________________

目前我遇到了一个技术在很大程度上可以帮助我解决的具体问题。

【在这里描述问题。将问题具体化并且确保它的本质是教育性的、组织性的，或与专业发展相关的。】

技术需求

【描述你需要的技术类型。包括数量、示范产品的链接和价格（单个产品和全部产品的价格）等具体信息。】

基本原理

【描述技术是如何直接解决或者帮助解决上述问题的。包括任何相关的反驳观点（预测可能会被拒绝的原因），比如，为什么现有技术无法解决上述问题。】

我意识到技术在学区里是一种珍贵的商品，并不总是容易获得。当然，我也知道您会把学生的利益放在首位，因此希望您可以支持这个购买提案。

我很期待和您进一步沟通，请告知我您什么时候方便。

您真诚的，

（署名）

获得你自己的技术。你可以在没有外部资金支持的情况下获得很多技术工具，它们很多是免费或者价格适中的。访问 EdSurge① 的教育技术索引，你可以将索引页面的过滤器设置为“免费”，以便找到免费的解决方案。

订阅与教育技术相关的电子快讯可以提醒你教育技术的新发展，因为它们会定期发布相关消息。请查看“乏味”这一章分享的与教育技术相关的电子快讯订阅。

考虑筹集资金。如果你所在地区不能为你所需要的技术提供资金，你也可以用其他创新的方法去筹资。比方，为了获得创新技术，迈克尔·莫里森（2015）利用各种资源，包括获得正在寻找试点来展示其产品的供应商的捐赠。有关筹资渠道，请查阅“环境”这一章。

① 译注：EdSurge提供独立新闻和资源，帮助读者了解技术在教育领域的角色。

※ 获得你需要的帮助

一项针对 600 名 K–12 教师的调查显示，50% 的教师反映在课堂上使用技术方面未获得有力的支持，46% 的教师反映他们缺乏使用技术来帮助学生的专业培训（Piehler，2014）。只有当你获得了使用技术所需要的支持时，技术的使用才会顺利进行 —— 不是在培训师的指导下，而是你可以独自持续使用。以下策略可以帮助你获得使用技术工具所需要的支持。依据你的实际情况选择合适的策略。

无论如何，寻求你需要的帮助。尝试独自使用技术既省事，又有成就感，并且可以提升你的技术技能，因为你可以将它迁移到你可能遇到的其他技术上。然而，考虑到你的时间限制和大多数老师所承受的压力，你肯定不想让自己超负荷工作。知道自己的局限，如果你觉得自己可能会陷入困境，就去寻求更多的帮助。

请求定制化培训。一个全校范围的培训课程难以满足所有老师的技术发展需求。这种培训是教师专业发展的有益组成部分 —— 特别是当所有员工都要用同一种大家均不熟悉的技术时，这样的培训会做一个有用的介绍 —— 但需要更多的后续支持。传统的培训方式，比如说一个工作日中的 3 小时，或者经过一天疲惫的教学之后的 45 分钟，是不合理的。要真正整合技术，就要让老师不论在何处使用技术都能获得及时的帮助（O’Hanlon，2013）。

就好比老师的教学风格不同，他们的许多技术需求不同，为满足这些需求所需要的支持也不同。很多老师有个性化需求，你可以大声说出你所需要的技术和支持。鼓励管理部门以分组的形式安排老师参加他们所需要的培训。

好消息

技术技能可以迁移。当你掌握了如何使用一项技术工具时，通常你就会更快速、更轻松地掌握下一项。

如果你正在与技术作斗争，坚持下去。虽然这可能会很难，只要你不放弃，它都会变得越来越简单。当然，需要的话，你也可以休息一下，如果你头一天实在是因为沮丧而不得不离开，第二天回去继续奋战。

拥有这样的成长型思维，就没有任何技术小故障可以阻碍你。你很快就会成为帮助其他老师的技术高手之一。

如果你愿意接受挑战，使用在线教程或帮助系统。找到在线教程或某种技术工具的帮助系统，自己把这项技术研究透。这既能给你带来成就感，也能帮助你成为一个自给自足的技术专家，只是你要在浪费很多时间和懊恼前就果断寻求帮助。

> 我的棋艺虽然比不上这台电脑，但在搏击上，它绝对不是我的对手！
>
> ——埃莫·菲利普斯（Emo Phillips）

参加免费课程。苹果和微软的门店通常会推出“天才吧（Genius Bar）”以及面向用户的免费课程。像很多教育机构的网站一样，教育周（Education Week）提供“需求导向的免费网络研讨会”清单（www.edweek.org/ew/marketplace/webinars/webinars.html)。你可以请地方政府根据老师的实际需求，提供地区内任何老师都可以选择参加的课程。

跟随课程。ConnectEd (connectededucators.org）的自主学习课程可以帮助你轻松掌握各种技术工具。该网站提供了一个免费的初学者工具包，其中包含对各种专业合作、学习方法的介绍。

※ 提高成功使用技术的概率

技术可以带来便捷，提高效率，减少工作量。然而，只有掌握了技术，你才能从中受益。以下策略可以帮助你提高成功使用技术的概率。根据你的实际情况选择合适的策略。

降低你的挫败感。当你使用技术工具时，即使你刚接受了帮助，也不要害怕去寻求帮助。同样的任务，在一个到处是学生的教室里使用技术工具，往往看上去会比一位技术专家在你旁边教导你操作一遍要难。这一章的“获得你需要的帮助”部分能够让你获得一对一的帮助。

提前做技术测试。木匠的格言是这样说的：“两次测量，一次切割。”其中的隐喻是你在做事情之前确认好你要做什么非常重要。

技术的运用也是如此。在你使用技术之前，测试所有技术组件和操作流程非常重要。比如，如果你计划让学生用一个新软件扫描他们的试卷，在学生到来之前，你自己要操作一下。你装作学生，扫描试卷，练习将扫描后的文件导入成绩册，等等。没有提前做技术测试可能会使学生感到沮丧以及浪费你宝贵的时间。

※ 运用正确的工具

技术可以改变你的课堂，减少你的工作量，让你工作更有效率。以下策略可以帮助你运用关键的技术工具。根据你的实际情况选择合适的策略。

运用帮助你组织的工具。这包括运用在线成绩册，在适当的时候实现无纸化，使用在线文档协同工作等。详情请查看电子资源中的“技术：帮助你组织的工具”。所描述的示范工具包括 Edsurge 产品索引、微软 Excel、谷歌教室、凯勒（Keller）与米勒（Miller）所著的《你可以用谷歌教室做的 50 件事》（*50 Things You Can Do With Google Classroom*）

以及谷歌文档等。

运用帮助你沟通的工具。这包括学生和家长门户网站、班级网页和家长信息服务。详情请查看电子资源中的“技术：帮助你沟通的工具”。所描述的示范工具包括 Edsurge 产品索引，可汗学院（Khan Academy）、YouTube 上的特定视频等门户链接，谷歌、“俳句学习”（Haiku Learning）等网页工具，等等。

使用网络摄像头对作业和测试进行评分。使用适合的软件和设置，让学生简单地将作业或试卷放在一个不超过 8 美元的网络摄像头下面，这样就可以立即得到选择题的分数（你也可以轻松地添加主观评价分数）。学生可以立即查看自己的表现，你可以立即查看班级的整体情况、学生的个人情况、小组情况等。它可以自动将分数导入学生和家长门户网站、成绩报告单以及数据系统等。详情请查看电子资源中的“技术：使用网络摄像头对作业和测试进行评分”。所描述的示范工具包括 Edsurge 产品索引、“闪电评分者”（Lightning Grader）等。

使用在线系统对作业和测试进行评分。详情请查看电子资源中的“技术：使用在线系统对作业和测试进行评分”。所描述的示范工具包括 Edsurge 产品索引和谷歌表格等。

使用答题器做非正式和正式测试。详情请查看电子资源中的“技术：使用答题器做非正式和正式测试”。所描述的示范工具包括 Edsurge 产品索引和鲁赛尔·詹姆斯（Russell James）博士的线上指导。

运用课程管理系统和课程库。详情请查看电子资源中的“技术：运用课程管理系统和课程库”。所描述的示范工具包括 Edsurge 产品索引和 Gooru 等。

从因特网中获取信息犹如从消防栓饮水。

——米切尔·卡波（Mitchell Kapor）

运用工具辅助课堂管理。详情请查看电子资源中的“技术：运用工具辅助课堂管理”。所描述的示范工具包括“教室道场”

（ClassDojo）和“学校现场”（LiveSchool）等。

使用推特。请查阅电子资源中的“技术：使用推特”，了解详细信息，和他人互动，并参与到热点话题的讨论中。

〔思考练习〕

以下题目可以单独回答，也可以分组讨论。值得注意的是，具体运用以下描述的工具时，最好一次落实一件工具。因此，你不需要同时执行所描述的计划。

1. 如果你在教室里运用技术时需要寻求帮助，根据你会先向谁求助排序，列出你可以求助的四个人。

____

____

____

2. 搜索可以帮助你组织的教育技术工具（比如课程管理系统）。选择一个你计划使用的新工具。描述这个新工具将会如何在工作上帮到你，并写出你的下一步执行计划（比如，资金保障、同步其他软件等，以及你可以使用这个工具做的任何事情）。

____

____

____

3. 搜索可以帮助你沟通的教育技术工具。选择一个你计划使用的新工具。描述这个新工具将会如何在工作上帮到你，并写出你的下一步执行计划。

____

____

____

4. 搜索可以帮助你评分的教育技术工具。选择一个你计划使用的新工具。描述这个新工具将会如何在工作上帮到你，并写出你的下一步执行计划。

____

____

____

5. 搜索可以辅助你管理课堂的教育技术工具。选择一个你计划使用的新工具。描述这个新工具将会如何在工作上帮到你，并写出你的下一步执行计划。

____

____

____

6. 如果你没有推特账号，请注册一个。发表一条受欢迎的推文，并写在下面。

____

____

第五部分

搭建良好的支持网络

12 行为
“我被学生欺负或无视”

教师自白：说起这样的事情，其实我很痛苦，也很尴尬。我的班级简直就像一个动物园。有一次，我让三个不守规矩的高中生躺在地板上小睡，原因是他们的行为就像幼儿园的小孩。这反而让全班哄堂大笑，并且引发了更多胡闹行为。这应该是我教师生涯中最丢脸的一刻。我尝试了很多方法，但还是不知所措。我知道需要坚持，知道会出现积极或消极的结果，也知道不能太严格或太宽松。但是什么都没用，我做的任何尝试都不管用。

——休·基普尔（化名）

一项对30000多名教师的调查表明，“纪律问题”是教师每天的第二大压力源（AFT，2015）。2014年，有18%的教师在学校受到过身体暴力的威胁，而在特殊教育教师中该比例则为27%；仅在这一年中就有9%的教师身体遭到了攻击，在特殊教育教师中该比例则为18%(AFT，2015)。一项对美国1002名全职教师的调查显示，有60%的教师认为，学生缺乏对教师权威的尊重是导致教师受挫的第三大因素（University of Phoenix，2015)。学生的不良行为是导致教师职业怠倦的五大原因之一，但其实只要教师提升课堂管理技能，这是可以避免的（Elias，2015)。

当学生的不良行为成为全校范围的问题时，对教师而言，最重要的是得到别人的帮助和支持。本书的“管理”和“社区关系”两章在这方面有所帮助，而本章将介绍教师如何管理自己的课堂。

> 有人朝我大声叫喊，这其实是别人对我的大声关怀。
>
> ——艾米·波勒

课堂管理是一门涉及多方面的科学，有许多变化因素，对一位教师来说行之有效的方法并不一定适用于另一位教师。不过，一些关键的准则可以帮助你避开常见的陷阱，采用最佳做法，并找到最适合你和你的学生的管理方式。

※ 探索多种选择

仅仅用一个章节无法完整阐述能改善学生行为的所有策略。本章为你介绍这些策略的要点，但如果没有激励你进一步探索这个主题，特别是如果你是个新老师或觉得自己的课堂已经失控，这反而会起到一种负面作用。

以下策略会帮助你了解很多最佳做法，从而让你找到适合自己的方法。根据你的实际情况选择合适的策略。

阅读重点书。以下图书将会帮助你掌握改善学生行为的艺术：

- 《简化课堂管理》(*Classroom Management Simplified*)，布鲁肖著
- 《超越规训：从服从到共同体》(*Beyond Discipline: From Compliance to Community*)，科恩著
- 《是的，你可以！：为那些希望与有色人种学生有好的开端和好的结局的教师提供的建议》(*Yes, You Can!: Advice for Teachers Who Want a Great Start and a Great Finish With Their Students of Color*)，盖尔·汤普森、鲁弗斯·汤普森著（无论你的课堂怎

么样，这本书都会帮到你）

利用社交媒体做调查。在推特上（参见“技术”一章，以获得使用帮助）搜索“classroom management（课堂管理）”和“student behavior（学生行为）”，你将看到相关的最新推文列表以及最新文章链接。你也可以采用同样的方式使用其他社交媒体网站。通过播客和视频，你也可以获得一些有效的行动策略（比如，在 www.teachingchannel.org 上搜索“课堂管理”）。请注意，这并不意味着你应该经常使用社交媒体。

观察善于课堂管理的教师的行为。除了向管理人员提出你的课堂管理专业发展需求外，你还可以表达你的愿望——探访那些以良好的课堂管理闻名的教师的课堂。如果你有一个可以拜访这些教师的计划期（这在中学很常见），这就很容易安排。当然，在其他的情况下也有可能实现。例如，如果你能提供一个详细的计划，管理人员可能会给你半天或一天的时间。

- 尽可能多去拜访那些善于课堂管理的教师（学生可以告诉你哪些教师善于课堂管理，他们往往比大人说得更准确）。
- 记录一下你所看到的有效策略。
- 与你的同事分享你的心得（比如，在部门或员工会议上），并在实践中应用这些策略。

有一种方法是让这样的教师和你一起教一门课程或者一个单元，你可以仔细观察这位教师的行为。其他的方法包括计划在同一时间访问图书馆或机房。如果能定期进行这样的访问，你每次都能获得很多提示。事后去找这些教师交流，关于为什么对特定的学生采用特定的策略，听听他们更多的见解。

重新安排时间。如果你有一个观察其他教师上课的计划期，你就可以坐在其他教师的教室里做一些不太需要动脑筋的事情。即使不是全程关注，定期接触良好的课堂管理也可以让你了解到一些有效的技巧。如果你没有这样的计划时间选项，当教师和学生在一起时，找其他机会接触他们。例如，和在自己的房间里帮助孩子的教师共进午餐；或者当一位资深教师对学困生进行课后辅导时，你在同一个房间里进行课后评分。和其他建议一样，请考虑你可能遇到的其他困难。例如，如果你对平静与安宁的需求超过了对改善学生行为的需求，并且后者不会导致前者的发生，那请选择平静与安宁。

※ 积极主动出击

防止问题升级的关键是提前预防或者引导学生的不当行为。下面的策略可以帮助你防止学生的不当行为，至少当学生出现不当行为时你能做好一定的准备。

尊重并联系学生的背景。涅托（2015）在关于教师职业的一本书中写道，瓦内萨·伯格斯－凯利（Vanessa Burgos-Kelly）和珍妮弗·博格斯－卡恩斯（Jennifer Burgos-Carnes）发现，通过确认学生的文化身份，教师自己和学生都可以用希望来取代绝望。《是的，你可以！：为那些希望与有色人种学生有好的开端和好的结局的教师提供的建议》这本书的价值我怎么强调都不过分，它可以帮助你和不同的学生建立联系与合作。学习用一些特定的方式来吸引这些不同背景的学生并增加他们的自主权，将会改变你的课堂。

怎样去管理

就像美国宪法为美国价值观定下基调一样，课堂规则也传达了教师的价值观。想一想你的课堂规则是否把学生当成被看守的人（例如，“坐在你的椅子上，不被叫到就不要说话”，等等）。这些规则告诉学生，他们并没有为创造良好的学习环境做出贡献。此外，超过五条规则，学生就很难记住（Wong & Wong，2009）。

我使用了一条简单的课堂规则——“帮助全班学习”，这条规则在开学第一天经全班讨论后实施，效果非常好。

如果学生的行为影响了其他同学学习，“帮助全班学习！”这句话就成了学生的口头禅。其他教师则发现和学生一起制定规则很有效，包括一起头脑风暴、讨论怎样才能最好地帮助所有学生成功。在这两种情况下，学生都变得有责任感，在课堂管理中为班级做出贡献，这有助于确立强有力的基调。更好的做法是，用“规范”代替“规则”。这个建议来自数学和科学教师基恩·乔利（Jean Jolley，2015），他指出学生会把“规范（norm）”理解为“正常（normal）”，比如，我们做事的正常方式。

让学生获得他们需要的专业帮助。考虑一下，你是否把更多的时间用在安排学生接受学校的训导上（例如，留堂或停学），而不是让他们得到专业的帮助（例如，得到当地心理学家的帮助）。大多数教师把更多的时间用于支持训导，这不太可能对学生产生积极、持久的影响。表现最差的学生通常是那些在家庭或行为障碍方面问题最多的学生。学区通常有适当的资源来帮助这些学生，但安排这些帮助的渠道并不总是容易操作的。你熟悉这个流程后，烦琐的转介就会变得很容易。如有必要，与学校和地区管理部门沟通，为有问题的学生争取到专家的帮助。

> 我知道，如果没有我四年级的老师邓肯太太，我就不会有今天的成就。
>
> ——奥普拉·温弗瑞

以积极的眼光看待学生。一项对376名教师的调查显示，那些习惯为学生包办、总想控制学生的教师（例如，倾向于认为学生不可信，不负责任，不守纪律）明显经历了更多的情绪衰竭和职业倦怠，个人成就感也降低了（Bas，2011)。学生知道你是否喜欢他们，是否相信他们。如果学生知道你爱他们，他们也会全力为你付出。向学生表达你的爱，并确保你的爱是真诚的。

> 我的小学老师……是我信任的第一个成年人。她以尊重的语气对我们说话。在这之前我不习惯别人这样对我说话。她改变了我的生活。
>
> ——安东尼·菲舍尔（Antwone Fisher）

记住，学生非常在乎他们的成绩和表现。在一项对66314名学生的调查中，84%的学生说他们会努力提高学习成绩，91%的学生说取得好成绩对他们来说很重要（Quaglia Institute for Student Aspirations，QISA，2014)。即使学生试图掩饰，但其实他们非常关心自己在课堂上的表现。

获取学生反馈信息。学生们喜欢被倾听，他们的反馈可以帮助你了解他们的需求、喜好，以及你在课堂上怎样做最有效。此外，认真倾听学生的发言，让他们知道你在意他们，并把他们定位为课堂上真正的参与者。当人们觉得自己对某件事很重要时，他们就不太可能出现破坏行为。

有关免费调查软件的详细信息，请参阅“技术”一章。全景教育网站（https://backtoschool.panoramaed.com）还提供免费的“了解你”调查，你可以在第一天上课时提供给学生。在哈佛大学对315名九年级学生及其教师进行的一项调查中，那些被告知与教师有共同之处（根据调查结果）的学生立刻开始在课堂上表现得更好；这种差异在未成年学生中尤为明显，并缩小了60%的成绩差距（Gehlbach et al.，2016)。

菲什曼奖获得者数学教师凯莉·祖基维茨（Kelly Zunkiewicz，2014）要求学生在“数学传记”中写下他们的期望、短期目标和长期目标以及希望达到的成就。她在学生的“数学传记”中标出了他们自己的“慧心妙语”，并把这些话语贴在霓虹色的纸条上，然后把这些纸条贴在教室门的正面和反面。这样，学生每天都能看到自己和其他同学的鼓励话语，感受到同学的关注，从而激励自己不断努力学习。

利用技术。有关辅助课堂管理工具的详细信息，请参阅“技术”一章。

发展成长型思维

可汗学院和斯坦福大学的教育研究与评估项目（PERTS）共同创建了免费的工具包和课程，你可以使用它们来帮助学生理解和发展成长型思维。

与你的管理者交谈。当有效的管理部门知道你的困难时，它可以把你和该领域表现出色的导师组成搭档，并安排个性化的专业发展培训。这种安排还使管理部门了解到教师在课堂上必须应对的行为，并授权校长采取相应的行动。例如，如果学生蔑视权威和威胁教师在学校里很普遍，管理者可能需要实施一项全校范围的恢复性司法计划，或重新考虑惩戒程序。

※ 高效管理行为

做好准备是很重要的，因为一旦真的面对学生，你可能会觉得自己像个刚踏入战区的士兵。下面的策略可以让课堂秩序井然。根据你的实际情况选择合适的策略。

在上课前就抓住学生的注意力。许多教师发现，在教室门口迎接学生效果很好。一旦学生进入教室（甚至在上课铃响之前），教师就应该做好准备，以便他们可以直接开始学习。第一个走进教室的学生甚至可以分发项目日志，或者帮助布置教室（如果你需要在课间转换教室，这特别有用）。

这种“直接开工”的学习策略应该每天都执行，这样它就会成为学生日常生活的一部分。然而，每天的课都应该是崭新的，要给人新鲜感。因此，应该向学生传达这样的信息：做好准备，在这里学习将是有吸引力、有乐趣的。

例如，在七年级和八年级的英语课上，我们每次都玩我设计的游戏，目的是让学生参与学习和应用概念。例如，我把教室变成一个“百货商店”，让学生浏览相关资料，成功地“购买”和“退还”物品。学生走进教室的时候，看到周围的环境以及写着游戏名称的白板，就会知道教师安排了游戏活动。

这就让学生产生了兴奋感，迫不及待想要开始游戏。即使是那些被许多人视为“帮派分子”的学生，在上课前也会敲我的门，或者从窗帘偷看，想知道我们那天将“玩”什么。想办法传达这样的信息：每一天都是独一无二的，每一节课都值得来上。

在课堂上走动。当学生学习时，教师坐在自己的位置上，这样的行为会告诉学生，教师不在乎他们在做什么，可能也不在乎他们。在课堂上绕圈走动可以让你与每个学生面对面，增加你对学生的关注度，这对构建良好的师生关系有帮助。它能帮助你在潜在的行为问题失控之前发现迹象，而且能让学生更好地投入课堂教学中。在教师的鼓励下，学生的学习更有可能顺利进行。另外，让学生以小组为中心开展活动，你边走动边和他们交流互动，这样你能稍微喘口气，以抵御职业倦怠(Kerby，2014)。

定期告知学生你期望的行为。我靠近学生万达·查特（Wanda Chat)，因为她在开小差。同时，我可以告诉奥恩特·阿斯卡（Ohnt Ask）：“你把你的假设表达得很清楚。”你的大部分反馈应该是积极的。它树立了一个良好的基调，让学生以积极的方式来吸引你的注意力。请参阅“社区关系”一章，了解更多赞美学生的方式。

运用从长远来看最有效的课堂管理技巧。许多教师使用的策略能立即产生效果（比如斥责学生坐下），但忽视了这些策略从长远来看可能会带来更大的危害，因为它们要求教师不断地为课堂控制而斗争（Kohn，2006)。当你选择并运用课堂管理技巧时，请只选择那些从长远来看最有效的。

> 注意力持续时间是不存在的。如果你在逗他们开心，他们会有无限的注意力。
>
> ——杰瑞·宋飞（Jerry Seinfeld）

吸引学生（并且要绝对积极地吸引学生）。在一项对66314名学生的调查中，73%的学生认为学习可以是有趣的，然而只有44%的学生觉得教师使得在学校学习这件事变得令人兴奋，43%的学生觉得上学很无聊（QISA，2014)。当学生空闲时，他们更倾向于寻求学习之外的事情娱乐自己。你要用以学习为中心的有组织的方式与学生交谈和互动，同时你要允许内向的学生有一些逃避。如果你的授课时间较长，那就去听以上课吸引人闻名的教师的课，并想办法改变自己的教学方式。

让学生持续参与教学在一定程度上可以提高效率，这样他们就没有不必要的空闲时间。例如，如果学生被要求安静地坐着，没有任何事情可做，而教学内容已讲完，这就成了滋生不良行为的好时机。让大脑休息则不同，它对学生有利，因为学生在休息期间有一个要关注的目标。

保持新鲜感。学生经常做出不当行为，因为他们感到无聊，或者觉得老师没有尽最大的努力。陈旧的教学方式、常规或课程对此都有影响。检查你的所作所为，找出停滞不前的地方，然后有针对性地改变它们(参见“合作”和“课程”这两章，以获得帮助)。

四年级教师玛丽·巴默（Marie Bammer）通过变革课堂来克服职业倦怠。例如，她在学生学习的时候演奏古典音乐，带领学生每周做一次瑜伽，通过使用新技术和基于项目的学习把喜欢的课程上出新花样，经常讲有趣的故事，让大脑休息一整天，这样做逐渐让她和学生都感到在学校里好玩、有趣。

> 笑是片刻的休息。
>
> ——米尔顿·伯利（Milton Berle）

※ 扭转艰难处境

尽管你尽了最大的努力，还是会出现一些问题。下面的策略可以帮助你扭转困境，降低负面影响。根据你的实际情况选择合适的策略。

诊断问题。个别学生的行为受以下因素影响：

- 同伴行为和团体动态
- 学生在课外生活中所发生的事情
- 学业挫败和恐惧
- 顾及同伴的看法
- 想得到关注
- 饥饿和健康
- 性格、情绪和疾病

例如，20%的学生生活在贫困中，其中，40%的学生生活在极端贫困中（Nieto，2015)。饥饿和学校食物供应不足等问题会影响学生的课堂表现，或者影响他们是否听从老师的安排。

要将不断升级的不良行为追溯到可能的影响，这样你就可以从根源上解决问题。例如，如果你在团队中的不当行为赢得了领导的支持，团队成员往往会效仿你。

尽早干预。如果你怀疑一个学生正在开小差，走到他的面前并没有坏处。如果一个学生愁眉苦脸地走进教室，递给他一张纸条，上面写着："你好像有点儿情绪低落。如果你想说点儿什么，我愿意倾听并提供帮助。"你可以在事情发生之前进行干预，这样可以避免很多问题。想象你是一名消防员，每一个火花都值得关注。如果问题可能会恶化，让学生知道什么是可以做的，什么是不可以做的，如果做了不可以做的将会有什么样的后果。

利用私人区域。如果一个学生在你干预之后继续做出不良行为，你可以要求他到一个你指定的能保护一些隐私的地方。例如，你可以让他坐到教室角落里你桌子旁边的椅子上，这样你在关注全班的同时，仍然可以与这个学生单独对话。如果你在课堂上四处走动（如前文建议的那样），你可以在离这个学生很近的地方提出这个要求，而不是当着全班同学的面提要求从而引起其他学生的注意。

以一种坚定而充满爱意的方式提出这个要求，向这个学生表明这只是片刻的交流，这样你们俩就可以讨论正在发生的事情，以便帮助他。如果这个学生需要冷静一下，让他继续在这里完成课堂作业，或者你给他提供一张纸，让他写上任何他想要你知道的事情，比如，他这一天过得如何，刚才在课堂上发生了什么，他的感受，等等。

有效面对。任何时候与学生互动，你都应该保持冷静，不要语带讽刺，不要给学生贴负面标签（例如，不要说“你为什么在我的课上表现不好？”）。我总是以这样的方式与一个爱捣乱的学生展开私人谈话：“你真是个体贴的、很了不起的学生。但你刚才的行为不太像你平时的做事风格，我想知道发生了什么。你知道我们不能有这样的破坏行为——这会让你和全班同学都很难学习。今天你到底怎么了？”

你可以根据学生的年龄和环境调整话语，但无论如何，一个富有同理心的开场白能化解学生的怨气。你仍然要让学生知道这种行为是具有破坏性的，是不被允许的。采用这种方法更有可能找到问题的根源，并能让学生一起寻找解决方案。

训导学生时，我经常这样说：

- 我很爱你，所以不能错过你学习和成长的机会。

- 我很爱你，所以不能不告诉你的妈妈，因为这才能帮助你克服这个不良习惯，从长远来看，这会让你更快乐。

如果你需要确定负面后果，那么后果不应该比违纪更严重，如果可能的话，它应该与违纪行为相关（例如，一个学生给被他取笑的同学写一封道歉信），应该用爱来化解学生之间的矛盾。换句话说，要让学生理解这样的安排是为了帮助他做出更好的决定，以便他能成功，而你这样做是因为你关心他。

根据学生的动机做出回应。鲁道夫·德雷克斯（Rudolf Dreikurs，1897—1972）的许多著作和解决方案至今仍有价值。他建议确定学生做出不良行为的目的（甚至要求学生对此做出回答），并做出相应的回应。示例见表 12.1。

表 12.1　教师根据学生的动机做出回应示例

学生的目的	试着这样说	试着这样做
获取关注	“你能帮我一下吗？”	让学生专注于任务，并给予他明确的关注。
追求权力	“当你这样做的时候，我们不能继续下去了。你能帮我想出一个解决方案吗？”	为学生找到做领导者的机会。
寻求报复或爱	“我很高兴你今天能来。”	鼓励一些富有同情心、自信的学生和经常觉得自己被社会抛弃的学生交朋友。
表现出能力不足	“你在尝试不同的策略，这是解决问题的好方法。”	称赞学生小小的成功，并明确表示你永远不会放弃他。

永远不要把学生送到别人那里接受训导。我当老师的第一年，好心的同事跟我说，如果我遇到麻烦，就把捣乱的学生送到他们那里。虽然这种做法似乎能立即缓解压力，但其真正的影响却是极具破坏性的。在我把一个学生交给另一个老师的那一刻，我就向全班发出了响亮的信息——我自己处理不了事情。

把学生送到管理人员那里也是如此。那些把捣乱的学生送到管理人员那里的老师发现，随着时间的推移，他们需要越来越频繁地这样做。由于这种做法让学生脱离了课堂，许多学生期待“休息”，他们有时更关心的是立即逃离课堂，而不是这样做的后果。

反复从同一个老师那里接收学生的管理人员开始不那么认真地训导这些学生。学生只有在严重违规时，比如，在课堂上打架斗殴，才应该被送到管理人员那里。

保持冷静。冷静与处于控制之中紧密相连。一些学生会有意让你生气，让学生知道你不会上当是很重要的。如果一个学生试图让你卷入一场权力斗争，教育家、作家安奈特·布鲁肖（2015）建议你冷静地说：“我看得出你很难过。等你冷静下来后我们再好好谈谈。”保持冷静进一步表明你是一个值得学生信任的成年人。

为那些让你抓狂的学生制订一项计划。有些老师往往会因为一两个特别的学生而害怕某节课或某个工作日的到来。在这种情况下，你的专业素养可以成为你的秘密武器。

在提醒自己这些毕竟都是脆弱的孩子的同时，下定决心用研究者的眼光来看待这些学生。当一个学生成为你研究的对象时，你更容易从局外人的角度客观地评价学生的行为。你可以学习并应用策略，然后判断哪些是有效的，哪些是无效的。如果有帮助，你可以把你的发现记录下来，或者把你的发现写进你的文章中（注意不要暴露学生的真实身份）。关键是找到一种方法，让学生不再惹怒你，而你可以研究学生，这样情况就能得到改善。

如果你弄错了就要道歉。没有一个老师是完美的，学生在课堂上做了什么和没有做什么，需要你做出很多判断。如果你弄错了，一定要及时向学生道歉。你应该以身作则，为学生树立榜样。

> 再优秀的人，有时也要承认说错了话。
>
> ——J. K. 罗琳

知道什么时候该寻求帮助。如果你在课堂上感受到了威胁，需要管理部门参与进来。你要保持冷静，并尽你最大的努力让学生保持冷静，打电话或立即派人请求支援。如果你经常感受到威胁，仍然需要管理部门知道。在暴力和恐吓司空见惯的学校里，需要采取积极主动的、全校性的措施来改变学校文化。虽然在许多方面会有困难，但这仍然是可以做到的。继续与管理部门合作（最好包括你的同事），直到措施到位，能确保学生和教职工的安全。

〔思考练习〕

以下问题可以单独回答，也可以分组讨论。

1. 列出三种具体的资源，你将利用这些资源来增加课堂管理技巧方面的知识。

A.____

____

B.____

____

C.____

____

2. 把你的新课堂规范写在下面，或者具体描述你将如何与学生一起制定新的课堂规范。

____

____

____

3. 请描述三种正式获取学生反馈信息的方式，并利用它们来改善环境或教学。

A.____

B.

C.

4. 描述你将如何从课的最初就抓住学生的注意力。

5. 描述让你的课堂高度吸引学生的具体方法（请不要出现“讲课很有趣”这样笼统的答案）。

6. 一个学生低着头走进教室，当你说“早上好”时，她完全无视你，然后瘫坐在她的椅子上。你正忙着准备上课。你怎样才能在这节课的前五分钟内接触到她（例如，让她知道你在乎她）？

7. 上课时，一个学生大喊：“这该死的笨蛋！”你会如何回应？

13 管理
“我的领导把我打败了”

教师自白：和前任好校长相处多年后，我们被新上任的德夫（Dev）害惨了。她是一个没能力的恶霸。当我质疑她任何一个糟糕的决定时，她就会报复我。她甚至将我和一个学生的小争执放大，企图解雇我。每个老师都恨她，但又不敢大声说出来。最终教职工们愤然而起，德夫在我们的集体要求下辞职了。但我们仍然非常慌乱、紧张，所有的欢乐都从我们身上消失了。

——伊吉·诺德（化名）

教师自白：新标准，新评估，新课程，新技术。班上的孩子比以往任何时候都多。该地区要求我们实施新策略，尽管我们在10年前已经尝试过，当时该活动以另一个名称为人所知。校长还给我们发了一本书，要求我们每周阅读并讨论。事情实在是太多了。我没有足够的时间来应付这一切，这些要求把我压得喘不过气来。

——肯特·柯普（化名）

我认识的大多数管理者不仅很勤奋、很能干，而且富有同情心。如果不具备这些条件，他们则可能伤害学生，贬低教师，并促使教师产生职业倦怠。一项对 532 名教师的调查发现，那些觉得自己和管理者之间存在问题的教师出现情绪耗竭的概率更高（Koruklu，Feyzioglu，Ozenoglu-kiremit，& Aladag，2012)。2014 年，报告自己受到欺凌的教师占 30%，其中，58% 的教师认为欺凌的施害者是管理者，而不是其他利益相关者，比如同事、学生或家长（AFT，2015)。对残疾、少数族裔或宗教少数群体等的教师来说，欺凌事件更为严重。

有些管理者并非不友善，但他们的无能让教师的工作变得更加困难和压力重重。例如，一些管理者离开教学岗位的原因是他们无法胜任教学工作，因为缺乏教学常识，他们的决策往往难以被执行。这些问题不仅出现在一些校长和副校长身上，也出现在一些地区管理者身上。

在某些情况下，管理部门的出发点是好的，结果却造成教师的工作负担过重。沃尔德伦（Waldron，2014）认为他离开教师职业的主要原因是管理部门不断增加教师负担。他说，在他 6 年的教学生涯中，他记得没有一件事（例如，外加作业、适应重大的日程变化、新的测试、新的目标等）被取消；相反，新的任务不断增加。

然而，所有优秀的学校和地区管理者都证明，管理者可以为学生和教职工提供帮助和支持。处理与管理者之间的问题是一件微妙的事，教师必须根据具体情况选择最佳的行动方案。因此，请阅读并考虑本章提出的策略，但只选择最适合你的策略。如果你像大多数教师一样拥有优秀的管理者，请花点儿时间感谢他们。

※ 准备好你的心态

很有可能你的管理者并不是可恶的人。他可能不讨人喜欢，工作也做得不好，但即使是糟糕的管理者也希望成功，想看到学校蓬勃发展。下面的策略可以帮助你了解管理者的意图，从而减轻你的挫败感，帮助你在工作中取得进展。根据你的实际情况选择合适的策略。

仔细想想管理者的本质。对管理者的工作要求可能要比许多人认为的高得多。认为管理者不关心教师或与教师对立的假设往往是错误的，可能会导致教师与管理者不和。

你在断定你的管理者愚蠢或不称职之前，从以下几个方面思考一下：

- 他是否被其他问题（如地方官僚主义、校园中的其他棘手问题等）困扰？
- 他是否在某个领域是专家，并且能在这个领域取得很大进展？
- 他是否尝试过满足你的需求，但对你的需求产生了误解？

即使是一个糟糕的管理者，这三种情况也可能出现在他的身上。以更宽容的心态看待管理者，可以帮助你更好地合作，更有效地解决问题。管理者经常分担教师的挫折，并欢迎教师帮忙找出解决方案（Hess, 2015b)。

折中考虑。改变是艰难的。有时候，我们意识到我们在抗拒某件事，是因为我们害怕改变。有时候情况又不是这样的。有时，我们的抵抗是由管理上的极端激起的。例如，一些地区的过度测试使得一些教师对任何测试都反感，包括有利于学生成长的形成性反馈。

花点儿时间思考新措施或管理者的观点是否有价值。通常，事实介于两种观点之间，你需要折中考虑。如果管理部门的措施

> 仅仅因为你不喜欢某样东西就做出它不好的判断，从经验上来看是不妥的，这是一种非常傲慢的举动。就像我不喜欢吃中国菜，但我不会写文章说中国菜徒有虚名。
>
> ——蒂娜·菲（Tina Fey，2011)

> 两种个性的相遇就像两种化学物质的接触：无论什么反应，两者都会发生改变。
>
> ——卡尔·荣格（Carl Jung）

仍然被证明不可行，这种批判性思考至少能帮助你更好地理解这两种观点。

※ 让管理者了解你的需求

如果管理者不了解你的需求（学生的需求也是如此），他就无法帮助你。一个小小的误解就可能造成混乱，并且使你之前的努力白费。相比之下，促进理解只需要花很少的精力。以下策略可以帮助你让管理者了解任何可能遗漏的内容。根据你的实际情况选择合适的策略。

提出解决方案。在对管理者的处境表示理解的同时，提出具体的解决方案，有助于得到管理者（甚至是看似不可能的管理者）的积极回应（Hess，2015b）。当管理者认为问题太大而无法解决时，他们可能选择不采取行动（一种常见的反应）。但是，当你提出一系列可操作的具体步骤时，管理者就更容易采纳你的方案并付诸行动。你需要和同事进行头脑风暴，想想可能的解决方案，然后把最好的想法简要、清晰地列出来，并和管理者分享。

鼓励管理者跳出思维定式。教育工作者很容易认同这样一个事实：满足所有学生的各种不同需求是一项艰巨的挑战。他们也认为当下学生和教师面临的挑战与之前的大相径庭。因此，不难理解，过去学校的运作方式与今天的挑战不匹配，需要采用新的思维方式和运作方式。

鼓励管理部门研究非传统解决方案来应对你们学校所面临的挑战。新学校、特许学校和贫困地区的学校尤其以采用新方案而闻名。管理者可以多接触那些与你们的学生构成相似的学校，从它们的成功和失败中汲取经验和教训。

跳出思维定式的做法

看看这些由诺伊费尔德诺夫（Neufeldnov，2014）分享的跳出思维定式的做法。

- 为了留住和支持教师，“知识就是力量计划”(KIPP，美国最大的特许学校集团）为长时间工作的教师提供日托服务。
- 耶斯预科公立学校是教学质量最好的特许学校之一，它为学生提供了丰富的课外体验课程，比如夏令营、国际旅行和野外旅行，同时也让教师们得到了休息。
- 杰出学校为教师提供大量的指导和培训。该学校给新教师在第一年安排较轻的教学任务，并建议他们不要参加课外项目；在新学年开始之前提供三周的计划时间（而不是通常的两天）；鼓励教师将工作时间控制在正常范围内，以保持工作和生活的平衡。
- 为了成为可持续发展的组织，耶斯预科公立学校和北极星大学预科学院高中每周提前一次放学进行教师培训，而且耶斯预科公立学校还建立了职位体系，这样教职工就可以在不离职的情况下晋升。
- 为了防止教师流失，布鲁克林升学特许学校小学部校长问教师，她能做些什么让教师的生活更轻松，结果留职率达 91%。她所做的事情包括在“返校之夜”雇保姆帮教师照看孩子；如果学校活动结束晚，由她负责教师第二天的早班。
- 为了防止教师流失，一些特许学校将教学日的教学时间缩短了 5 分钟，招募大学生辅导中学生做作业，招募社区成员和合作组织提供课外活动（如空手道、非洲鼓和舞蹈等）。

- 为了让新教师慢慢适应紧张的工作状态，越来越多的学校让新教师每天只上一节课，其他课时他们则在一些小组或个别学生中开展工作。

> 要理解新想法，就要打破旧习惯。
>
> ——基恩·图默（Jean Toomer）

与管理者分享你的课程和规划需求。一项针对532名教师的调查显示，那些认为指定课程不适合的教师比那些部分支持自己所教课程的教师更容易倦怠（Koruklu et al.，2012）。如果管理者做出的决定让你的教学变得更加困难，那么要让他们知道这一点。问问自己，你和同事是否已经将你们的担忧和需求完全传达给了管理者。如果没有，安排一次必要的会面来推进这个事情。

与管理者分享你的专业发展需求。教师对学生在课堂中可能会出现的各种学习和行为问题缺乏充分的准备，会导致职业倦怠。无论你的需求是什么，看看你的同事是否有类似的需求，然后联系学校管理者或地区管理者。让管理者知道你们的需求，以及如何培训才能使你、你的同事和学生受益。

鼓励管理部门对教师接受专业发展培训前后的经历进行调查，以了解哪些培训是有效的，哪些培训是无效的，还需要进行哪些培训。要求管理者与教师分享调查结果，这样就可以让所有教师了解专业发展的成功与失败的地方，并且能够鼓励教师提供经过深思熟虑的反馈（Hess，2015b）。

建议在实施对学校有影响的决策之前进行员工调查。缺乏控制是导致职业倦怠的主要因素之一（Maslach & Leiter，2008；Skovholt & Trotter-Mathison，2011）。然而，征求员工的反馈意见可以授权给员工，并且能带来更好的管理决策。

任何管理者都可以轻松地使用一些免费工具，比如，“调查猴子”（www.surveymonkey.com）或者谷歌表单，对教师进行调查。仅仅通过几个简洁的问题，管理者就可以清楚地了解教师的意见和需求。例如，戴夫·韦斯廷（Dave Westin）在担任沙特阿美学校（Saudi Aramco Schools）校长期间，为了更好地支持教师，他在每学年年中和春季学期期中都会对教师做调查，询问他们的情况如何、他们遇到了什么问题、他们需要什么样的专业发展（ASCD，2015）。

让管理者共享调查结果，这样可以提高透明度，并支持教师和管理部门共同努力从而实现共同目标的立场。例如，助理督察拉金（Larkin，2015）提到了使用谷歌表单收集匿名数据并立即与全区教师共享的好处。

在理想情况下，管理人员还应与教职工面对面讨论问题，并在决策过程中让教职工发挥积极的作用。通过调查征求反馈意见是大多数管理者愿意采取的简单的第一步，这可能会产生很大的影响。

建议进行学生调查。当学校的运行方式不能充分满足学生的需求时，教师就要应对学生更糟糕的行为以及更大的学习挑战。这些因素都会加剧教师的挫败感和倦怠感。

学生反馈是学生数据最有力的来源之一，因为教育工作者可以使用这些数据来指导新的决策，并追踪过去决策的影响。然而，管理者很少征求学生的意见。在一项针对 66314 名学生的调查中，只有 47% 的学生认为他们在学校的决策中具有发言权（QISA，2014）。

如果学校与学生需求的脱节让你感到沮丧，那就鼓励管理部门进行学生调查。夸利亚学生愿望研究所（Quaglia Institute for Student Aspirations，2014）提供了一系列适合询问学生的问题，还可以根据学生的年龄对这些问题进行调整。

※ 使用你的力量

对一个已经不堪重负的教师来说，他很容易相信只有管理部门才是需要采取行动的一方，因为这意味着教师不需要做任何事情。然而，在某种情况下，这种观点赋予了管理者所有的权力，并阻碍了教师去采取那些有助于解决问题的行动。

即使你面对的是不受欢迎的领导，以下策略也可以帮助你促成改变。根据你的实际情况选择合适的策略。

推动形成教师驱动型部门。美国有 70 所教师驱动型学校，在这些学校里，教师已经成为决策者（详情参见 www.teacherpowered.org；Nazareno，2015）。对一个正在与职业倦怠作斗争的教师来说，全校性的改变是令人生畏的，形成教师驱动型部门或年级更容易实现。考虑一下你所在部门或年级是否会支持这样的改变，然后按照在线指南（www.teacherpowered.org/guide）开始行动。

> 有时我们无力阻止不公正，但决不能停止抗议。
>
> —— 埃利 · 威塞尔（Elie Wiesel）

别退缩。教师常常可以通过退到自己的教室里来应对学校糟糕的规章制度、规则和惯例，让糟糕的管理部门自行解决问题，不过，教师也可以做很多事情来改变那些影响他们的决定（Hess，2015a）。如果你发现自己在抱怨管理者的决定，问问自己是否与管理者分享过你的担忧，鼓励你的同事也这么做。一位不愿透露姓名的老师说："我们的校长过去常指定我们读书。我们中的两个人见了他，建议他让老师们根据兴趣和意愿来挑选自己喜欢的书，然后以小组的形式分享，或者让每一对老师选择不同的章节，之后再进行分享。校长非常认可这个主意。结果相当多的老师开始阅读，这样的分享促成了改变。我们只是自责没有早点儿说出我们的想法。"如果你有"更好的想法"，你需要让你的管理者听到。

加入大规模变革的事业。一项针对全美范围内1002名全职教师的调查显示，78%的教师认为那些由非专业人士制定的政策是让他们产生挫败感的最重要因素（University of Phoenix，2015）。无论哪种自上而下的政策最让你苦恼，都可能会有一个组织欢迎你参与斗争，比如，“捍卫童年”（Defending the Early Years）、美国国家公平与公开测试中心（FairTest）和公共教育网络（Network for Public Education）等。

只是你要注意你加入的任何组织的基调。一些组织的领导者似乎带有强烈的偏见，不尊重支持合理妥协的研究和意见。加入一个立场反复无常的组织可能会让你的前景变得黯淡，加剧你的职业倦怠。

一些教师已经把直言不讳的博客评论（你也可以提供这样的评论）变成了关于大规模变革的广受欢迎的专业指导意见。“黑客教育”（http://hackeducation.com）博主奥德丽·沃特斯（Audrey Watters）就是使用这种方法的一个例子。

不要以为你被阻碍了。人们很容易把全校范围的问题归咎于管理不善，但教师与学生相处的时间更多，对校园文化的影响也更大。即使管理者效率低下，或者管理者被学生纪律问题、地方官僚主义困扰而无法在其他方面发挥领导作用，你也要创造性地思考你有能力掌控的事情。

例如，也许街头帮派在你们学校里横行，而校长似乎在逃避现实。在让管理部门了解你们的行动的情况下，你和其他相关教师可以组织一个工作小组来研究问题，一起提出解决方案，划分职责，并寻求支持。这样的支持可能来自警方、青年团体领袖、学生领袖、社区领导者、家长、非营利性组织、有关部门人员（例如，负责清理涂鸦的校园安保部门、课后干预协调员等）以及其他地区克服了同样问题的教育工作者等。

仅凭管理者的许可（或中立），你就可以做很多事情，而且很可能会产生一些积极的作用。当然，有些尝试可能涉及大量工作。为了避免过度疲劳，你需要权衡你的付出与所能承受的工作负荷，然后做出适当的选择。

为你的成功感到自豪。如果你觉得自己没有受到同事或管理部门的尊重，不要让这抹杀了你的自豪感。你最了解自己在课堂上所做的事情和付出了多少努力。给自己一点儿鼓励，承认自己的价值，尽量不要去在意自己是否被别人低估了。

> 伟大的思想常常遭到庸人的强烈反对。
>
> ——爱因斯坦

话虽如此，与同事和管理部门分享你的成功也无妨。除非有人告诉他们，否则他们是不会知道你所做的这些很棒的事情的。只有与人分享你的成功，其他人才可以向你学习。

※ 有效沟通

表达要明确。大多数管理者的确认为他们正在为教师提供所需要的支持，然而有时情况并非如此。如果管理者不能有效地支持教师，那么教师就要大声地说出来。例如，教师可以在提出解决方案的同时，真诚、明确地与管理者沟通，以纠正糟糕的专业发展（Hess，2015b）。

确保你和同事正以避免产生误解的方式与管理者分享你们的需求。与管理者交谈时，打印一份简洁的清单，列出你最想要管理者理解的三个要点（关注点、需求等），这将有所帮助。在会议结束时，一起创建一个简明的后续步骤清单（每一方都有一份副本），这样大家对接下来要做什么以及由谁来做就不会产生误解了。

要有礼貌、公正。以良好的心态进行交流（本章“准备好你的心态”一节中介绍过），并确保你的语气、肢体语言和表达内容都符合合作的立场。如果管理者将你视为某种敌人，意味着你已经输了一半；但如果管理者认为在某个问题上你是受人尊敬的合作者，则会加快合作

> 当你试图以火攻火时，别忘了消防队通常是用水来灭火的。
>
> ——佚名

进展。

坚持自己的主张。管理者就是领导者，领导者往往重视领导素质。如果你说话或做事太软弱，你可能会成为一个受气包。说出来、站出来、挺身而出，找到并保持这种勇气。

这对一些人来说是非常困难的，当他们试图表现得坚定而自信时，他们会觉得自己咄咄逼人。如果你也是这样的人，想在这个方面有所成长，请使用任何对你有用的技巧。这些技巧包括：

- 在大型会议开始前，在洗手间里摆出一种有力量的姿势（比如超级英雄）。研究表明，摆出有力量的姿势可以显著减少冒险过程中的压力，增加睾酮分泌和自信心，提高冒险的能力（Torgovnick，2012）。
- 说话音调不要过高，不要刻意讨好别人。
- 让一个坚定而自信的（而不是咄咄逼人的）朋友陪你去开会，模仿朋友的沟通方式。
- 记住，你是在为学生争取利益，他们值得你去坚强面对。
- 记住，你的学生都在看着你，你要树立一个成年人如何变得自信、专业、高效的榜样。
- 记住，你代表的是教师，这是值得尊重的。

询问如何做某事。询问如何做某事而不是能不能做某事，这会促使你阐明其优势，将个人的努力转向团队的努力，隐含灵活性，让领导更容易同意（Hess，2015b）。在教育方面，教师在这一点上有优势，因为人们很难对在道德上正确的事情提出异议。例如，“我们怎样才能让更多的家长参与学校教育？”“我们如何确保教师有时间

> 用主动陈述说明的方式而不是畏缩提问的方式去说话。没有人愿意听到医生说“我要做你的外科医生吗？我要和你谈论一下你的手术吗”。
>
> ——蒂娜·菲（Tina Fey，2011）

设计优质的课程？”这样的问题往往会让管理者想要参与进来，而不是反对。

当你向管理者提出“如何做”的问题时，请引用可靠的事实、统计数据、调研结果和证据，以表明问题是真实的，并且需要一个解决方案。这样你就不会过多纠结于是否应该做某事，而是投入精力去解决问题。

支持自己的观点。人们很容易忽视别人的观点。然而，当这些观点得到研究资料、学校数据或专家发表的声明的支持时，人们更倾向于认为你的论点是有效的，甚至会支持它。表 13.1 中列举了一些发给领导的陈述实例，这会让你的论点从一开始就具有吸引力。

表 13.1　能支持论点的陈述实例

仅仅这些是不够的……	还需要阐述这些（请参阅参考文献以获取详细信息）
我们老师的时间表中需要纳入一段无学生的计划时间或其他形式的准备时间。	即使教师工作出色，没有分配时间去思考、做计划、培训和协调，这种情况也是不可持续的（Herman, 2014）。在我们的员工调查中，96% 的教师认为“时间不够”是他们面临的最大挑战。
我们担心教师，特别是新教师，没有获得继续在这里工作的必要支持和条件。	教师流动率太高会让学生失去稳定的成人关系，影响学生的成绩，破坏学校文化，尤其在少数族裔社区会损害师生之间的信任（Neufeldnov, 2014）。大量研究表明，即使只采取两项适当的举措，比如，让教师与支持他们的导师或管理者一起工作，都更有可能留住教师（Riggs，2013）。
我们的管理者需要做出足够的努力，让教师在对学校有影响的决策中发挥重要作用。	当教师被告知该做什么却很少参与决策时，他们基本上就被剥夺了权力，并感到未受尊重，更有可能辞职（Riggs，2013）。91% 的美国人认为教师在学校做出决策时应该拥有更大的权力；81% 的人认为教师有能力贡献知识，使学校运行得更好（Education Evolving, 2014）。
许多教职工感到没有得到管理者的赏识，并担心他们的成就没有被注意或重视。	教师在接受建设性批评的同时，也需要校长的表扬。比如，当教师的表现超过要求时，或者当学生或家长正面评价教师时，他们想得到校长的认可（ASCD, 2015）。在我们的领导班子会议上，九个部门领导中有 7 个报告说，他们部门的教师说管理者并不在乎他们。

（续表）

仅仅这些是不够的……	还需要阐述这些（请参阅参考文献以获取详细信息）
管理部门过于频繁地要求我们在运作方式上做出改变。	要求教师每年都要重新设计他们的教学实践方案，对他们进行新教学方式的培训，这会导致教师职业倦怠（Herman, 2014）。在过去的两年里，我们学区在……方面对我们进行了培训。
我们担心我们学区在专业发展上投入的资金并不能满足教师的个人需求，也没有效果。	根据对 10000 多名教师、500 名学校领导的调查，以及对 100 多名主管教师发展人员的采访，学区平均每年每位教师在专业发展方面的支出是 18000 美元，50 个大学区专业发展总支出平均每年为 1.6 亿美元，然而，只有 30% 的教师证实经费有了实质性改善，而 20% 的教师认为实际上经费减少了（TNTP,2015）。

不停地尝试。如果第一次提出的问题没有被理解，那么教师就需要不断地尝试与管理者沟通，就像他们对待一个有困惑的学生一样(Hess，2015b)。这需要尝试不同的策略。例如，如果整个年级组与管理者交谈不起作用，那么尝试与管理者一对一交谈。

※ 考虑寻求外界的帮助

如果你和管理者无法一起解决问题，让第三方介入，你可能会伤到自己，并影响到上下级关系。然而，如果你已经将问题有效地、反复地传达给管理者，却没有得到回应，但你仍然想要解决这个问题，那么你就应该向其他地方寻求帮助。

> 师：放学后，校长希望我看管被留堂的学生，主管希望我读一本书，家长希望我给他们打电话，但我只有时间做一件事。
>
> 生：当大人追着我的时候，我做的一件事就是躲起来，你应该像我这样做。

当你和管理者无法解决问题时，以下策略可以帮助你找到其他的解决方案。根据你的实际情况选择合适的策略。

与工会代表联系。你可以请这位同事和你一起参加与管理者的会面，工会代表会告知你的权利并乐意提供帮助。

与此同时，记录下一切。记下你与管理者每次会面的日期、目的和任何贬低你的言论。这些记录可以帮助工会代表了解情况，这在事态升级时特别有用。

让地区管理部门介入。如果你与校长闹得很僵，工会代表可能会建议你让地区管理部门介入。当一位学校管理者有问题时，地区管理者也会经常听到其他老师抱怨，这可能会改变这位学校管理者的行为。如有必要，继续让工会代表参与进来，以确保你的工作和尊严得到保障。

考虑去一个新的学校或地区。有时管理者会因问题受到指责，而这些问题主要是由地区文化或学校动态造成的。管理者甚至可能是问题的一部分，但不是全部。

绍梅利（2014）强烈建议那些对学校不满意的老师试着去寻找新的学校。如果努力改善环境会让你付出太大的代价，去新地方可能会有所帮助。但是请记住，你可能会去到一个同样具有挑战性的环境中。此外，在一所新学校开启一段新征程本身就是有压力的。

〔思考练习〕

以下问题可以单独回答，也可以分组讨论。

1. 仔细想想你面对的最具挑战性的管理者的本质，描述其良好意图(即使这种方法并不完美)。

____

____

____

____

2. 请描述四种可以帮助管理者了解你的需求或你想阐述的观点的方

法。你可以针对目前面临的难题做出具体阐述。

3. 请描述与管理者一起工作时你如何坚持自己的主张。

4. 想一想在什么情况下你会对管理部门感到失望。描述一下在你的能力范围内促成改变的措施。

5. 想象一下，你要写信给管理者，告诉他你有一项关于改善教职工或学生条件的重要的、具体的需求。写下你将阐述的要点，注意询问如何做某事或解决某问题，并通过引用事实、数据、调研结果或证据来支持你的陈述。

14 社区关系

“当我请求支持时，我得到的只是自己的回音”

教师自白：我在一个极度贫困的地区工作，这里的家长从不参与孩子的学校生活。好一些的家长为了养家糊口打两份工；糟糕的家长要么吸毒，要么对孩子疏忽大意。也有一些很好的家长不会说英文，如果能和我们沟通的话，他们可能乐意参与进来。我知道其他地区的老师每天都有家长志愿者在教室里帮忙。对此，我只能笑一笑，因为不这样做的话，我可能会哭。我非常想得到那样的帮助。

——阿尔·洛内（化名）

教师自白：你尽己所能做一份压力非常大的工作，却看到报纸上说学校如何耽误学生，这真的让人难以接受。我并不反对评估，我也不维护坏老师，然而我真的渴望从局外人那里得到更多的尊重。这份工作比他们想象的要难。很多个夜晚，我通过暴饮暴食和看电视来放松自己，醒来后却又要面对另一个艰难的日子。我希望我们得到支持，而不是毫无根据的指责。

——洪·扎珀迪（化名）

“良师一日教导，胜过十年寒窗。”（日本谚语）“教是理解的最高形式。”（亚里士多德语）我们被教师如何成为平凡的英雄以及人类未来最大的希望等言论包围着。然而，有时这些格言与媒体对教育的描述或者家长及社区成员缺乏支持学校和教师的意愿不符。

这种脱节有些是教师无法掌控的，然而教师可以通过很多方式改善公众对这一职业的看法。同样，教师可以通过多种方式，让家长、社区成员和其他参与者更清楚地了解像你这样的教师是如何在课堂上施展魔法的……在此过程中，教师可以提高参与者的课堂参与度。

家长参与情况统计

据美国教育部称，家长的参与是教师留任的关键因素，当家长的参与度提高时，教师的工作满意度也会提高（Riggs，2013)。遗憾的是，一项针对 1000 名 K-12 教师的调查显示，97% 的教师希望家长参与，比如参与到课堂中；然而 76% 的教师表示，只有不到一半的家长是以这种方式参与的；47% 的教师认为家长参与度低是教师受挫的根源，这比纪律问题和大班制授课更糟糕（Reid，2014）。在这 97% 的教师中，高中教师占 95%。56% 的 K-12 教师指出，只有不到 25% 的家长真正参与了他们的课堂（University of Phoenix，2015）。因此，教师所需要的和他们从家长那里所得到的存在脱节。

在学业上，学生所需要的和他们从父母那里所得到的也往往存在脱节。比如，87% 的家长认为，孩子的学业成就主要取决于孩子的天赋，和父母的帮助无关（NBC News Education Nation，2015）。然而，所有教师都知道，家长对孩子的学业期望和支持至关重要。

幸运的是，教师们可以做很多事情来填补这样的鸿沟。据美国劳工统计局的数据，公立学校的教师只将 3% 的工作时间用在与家长的互动上；没有其他的职业责任占用他们更少的时间（Krantz-Kent，2008）。然而，一项针对 803 位美国家长（包括 3 至 18 岁孩子的监护人和主要照顾者）的调查显示，47% 的家长希望他们可以更多地参与到孩子的教育中，而这一比例在低收入家长、受教育程度较低的家长、在职家长和少数族裔家长中更高（NBC News Education Nation，2015）。教师可以充分利用家长想要更多地参与到孩子的教育中的愿望，做出一些改变，从而极大地改善家校关系。

※ 充分利用返校之夜和开放日

当你站在学生的监护人面前时，你就像一个销售员，几乎没有机会进行高风险的推销宣传。你需要赢得家长的合作，鼓励他们参与，努力寻找课堂志愿者。

以下策略可以帮助你充分利用返校之夜和开放日等活动。根据你的实际情况选择合适的策略。

流露出关怀。家长最关心的是你是否关心他们的孩子，而给学生最好的指导仅仅是它的延伸。“家长们想要的是爱，而不是证书、常规和大理石罐。”三年级教师加埃唐·帕帕拉尔多（Gaetan Pappalardo）这样写道（2011，p. 1）。当谈及班级具体如何运作时，你要大方地使用蕴含爱的话语，比如，“我非常在乎”“像你一样，我想给你的孩子最适合的教育”“我不仅在乎你的孩子在课堂上的表现，更关心他的整个人生”。你的话语和行动都要流露出关怀。

完善给家长的讲义。即使你的信息网上全有，也要给家长发个讲义，将包含更多详细信息（比如说课程内容）的网页链接附在讲义里，并将讲义内容控制在一张方便张贴的纸上。

家长的受教育程度和母语有所不同。因此，给家长的讲义应当和给学生的一样浅显易懂。即使是在富裕的社区，忙碌的家长也需要简明的信息。另外，请参阅本章其他地方有关将文件翻译成家长的母语的小贴士。

讲义要简洁

给家长的讲义可能只需要涵盖家长如何才能做到最好。

- 知道有什么家庭作业（包括实验研究），什么时候上交（比如，通过一个教师网站了解相关信息）。
- 查看学生的学习进展（如通过学区的在线家长门户网站了解相关信息）。
- 与你保持联系。
- 在家帮助学生。
- 需要时给学生提供额外的帮助。
- 参与到课堂中（在中学阶段尤其要明确这一点，因为有些家长认为他们的帮助是不需要的）

你还可以让你的讲义在视觉上与众不同，比如，选择浅色的纸张或者加一张令人难忘的图片。这将有助于家长从他们拿到的一堆学校资料中找到你的讲义。

明确表示对参与者及其专业知识的尊重。参与者包括法定监护人，但是爷爷、奶奶、叔叔、阿姨也时常会参加（有时代替父母）。很多参与者对他们童年时期的老师有负面记忆，这样做可以先发制人，防止参与者将此延伸到你身上，或者将对学校的负面看法灌输给学生。明确表示你尊重他们对学生的爱和指导，尊重他们对学生需求的了解。向他们解释这也是学生生命中的重要人物担任课堂志愿者的重要原因。

寻找志愿者。感觉受到欢迎和有参与感的家长更愿意和教师合作。给每一个参与者发一张包含各种参与方式的传单。将这张传单的底部做成可按虚线撕下的表格，参与者通过打钩来表明自己将如何当志愿者。参与者离开教室前要把表格撕下来放到指定的地方，而“志愿者须知”这一部分参与者可以自己保留。将志愿者注册的链接列在传单上，供想稍后注册的家长使用。

寻找其他方式让家长发挥作用。在参与者离开教室前，让他们每个人填写三张便条，可以用他们选择的任何语言填写（提示语采用家长的母语）：

- 亲爱的 ××，我希望你在这节课上努力，因为……
- 亲爱的 ××，我知道你可以在这节课上取得成功，因为……
- 亲爱的 ××，我知道你可以在生活中取得成功，因为……

将这些便条收集起来，在你觉得适合的时候和学生分享。一张这样的便条在关键时刻（比如，当一个学生很沮丧或者学习积极性下降时）会起重要作用。

充分利用家长会

多项研究表明，家长参与能提高学生的成绩、入学准备度和社交能力（Harvard Family Research Project，2010）。教师与家长一对一沟通，有时是一对二（当学生加入时），能提升家长的参与度。

以下策略可以帮助你充分利用与家长面对面沟通的时间。根据你的实际情况选择合适的策略。

重复上述策略。“充分利用返校之夜和开放日”中提到的任何策略也适用于这里。

宣传。哈佛家庭研究项目（2010）建议邀请和提醒家长参加会议，并提供一份提示单（www.hfrp.org/var/hfrp/storage/fckeditor/File/Parent-Teacher-ConferenceTipSheet-100610.pdf），告诉家长和教师如何宣传该活动。

会议资源

“教师视野”（TeacherVision）网站提供免费的、方便打印的家长会资源，比如，信、签到表、指示牌等：

- www.teachervision.com/teacher-parent-conferences/resource/ 3713. html

运用技术。现在，我们告诉家长可以通过家长门户网站在线查看学生报告，通过教师网站及时了解作业，等等。只有当家长了解相关技术步骤时，这些在线活动才更有可能发生。准备好一台手提电脑，这样你就可以带着家长完成这些步骤，除非接连失败，要让家长亲自操作。给家长一份非常简单的讲义（可以从技术合作者那里获得），告诉他们如何在家里完成任何技术步骤。这可以增加家长在学业上帮助学生的可能性。

技术也可以让你拥有和很难见面的家长面对面交流的机会。通常我们最需要见的（比如，学困生的家长）是那些最不可能和教师见面的家长。然而，面对面交流是建立密切关系的最佳方式（Larkin，2015）。如果家长可以视频，你可以通过 Skype（www.skype.com）或者谷歌环聊（www.google.com/hangouts）安排视频会议。确保家长知道如何使用此类工具，并且给他提供操作链接以示支持。

运用数据。66% 的家长认为，他们的孩子整体学业表现和成绩不是很好就是很优秀（NBC News Education Nation，2015）。当这样的观点被误导时，数据的运用就显得更为重要了。

即使分数是主观确定的，构成班级成绩的数据也常常被认为是客观的。向家长展示来自地区数据系统或你的在线成绩册的简单报告，可以提升家长对分数的接受程度，这样你们就能谈论如何解决问题（而不是争论问题是否存在）。比如，高中教师妮科尔·斯莱奇（Nicole Sledge，2016）发现，与家长共享行为日志可以让他们找出规律，并提供一种讨论解决方案的方法。

展示学生的作业。如果家长看到了学生作业范例，他们更容易接受分数和其他数据。带一个装有学生作业的文件夹给家长看，同时带上评分标准，这样家长就能清楚地知道学生的作业情况。

提供个性化总结。家长会结束后，每个家长都应该清楚地知道孩子在学业、行为和出勤等方面的优势和不足。你所在地区数据系统的学生报告可以在这方面提供帮助。然而，家长也需要一些数据系统里不常见的东西：关于家长如何帮助孩子弥补不足的清楚说明。

如果你列出一个清单，向每个家长简单说明如何帮助孩子，你的教学负担就会减轻，因为家长会帮你分担一部分。在清单上，把家长可以做的事情限制在三件以内，否则可能会让人不知所措，因而无法遵循。每次你建议家长做某件事情时（如，“运用地区的家教小帮手”），应提供简单的操作步骤说明。

重点关注一两个方面。正如你需要把家长可以做的事情限制在三件以内，你的关注也应该是有限的。原小学教师、专业发展培训师玛格丽特·威尔逊（Margaret Wilson，2011）建议，承认你计划在多个方面帮助这个学生，但你现在只想关注一两个方面。否则，家长会感到绝望。

先说优点，再说缺点。在你的班级里，行为不端或学习有困难的学生通常都有一段挣扎史。这个学生的家长可能预料到会听到关于孩子的负面反馈，但他依然能来开家长会，这是一件幸事。以真诚地赞美学生开启会议。高中英语教师尼古拉斯·普罗文扎诺（Nicholas Provenzano，2014）建议，在提及每一个缺点前说两个优点。这可以防止在场的家长或学生感到不知所措或产生抵触情绪。比如，你可以说：“黑文（Haven）小姐具有学生都非常喜欢的个性魅力 —— 我也喜欢。或许将来她会成为一个领导者、艺人或老板。要达到这样的目标，她仍然需要控制自己的性格。比如，在课堂上，她需要知道什么时候可以开玩笑，什么时候不可以……”

找到最佳方式。关于非传统家长会，比如，学生主导的家长会，有大量研究成果。运用你的专业学习网络（参见“合作”一章）去探索新的方式，并找到最适合你和学生的方式。

※ 让成年人参与课堂

让家长和其他社区成员看看你的课堂上发生了什么，这会让他们对你以及你所做的艰苦工作更加尊重。另外，志愿者可以帮你减轻工作负担。

“我们是教师与志愿者站”（2013）针对 1000 人的调查显示：99% 的家长和 97% 的教育者认为志愿者对课堂来说是有益并且有必要的；85% 的家长和 87% 的教育者认为志愿工作给家长提供了支持和鼓励孩子的机会。我们可以理解为：99% 的家长认为你应当让他们在你的课堂上做志愿者！超过 40% 的家长甚至提出他们想要参与更多的志愿工作 (Bantuveris，2013)。其他社区成员，通常有更多的空闲时间，也可以提供帮助。

以下策略可以帮助你为你的课堂招募志愿者 —— 家长或其他人。根据你的实际情况选择合适的策略。

让登记注册变得简单快捷。作为家长，我在“返校之夜”的公告栏中看到过一张很长的“志愿者机会”清单，之后就再也没见过。那天晚上很多家长在教室里排队登记，我没有那么多的时间去排那么长的队，而且考虑这些机会的同时，我需要查看我的日程表。

让家长定期注册志愿者。比如，你可以用谷歌文档做一次免费的注册调查（详情请参阅“技术”一章）。这会帮你在 Excel 电子表格中自动跟踪注册情况，并且你可以根据你的需要调整表格。这样，你就可以经常为家长提供你最需要的志愿工作选项。你可以定期将这个调查链接通过邮件发给家长，并且把它印在每一份纸质版的“志愿者机会”上，以便家长在线注册。

你还可以考虑运用“志愿者站”（Volunteer Spot）这款免费的在线日程安排工具。除了简化注册流程外，“志愿者站”会自动提示家长，以减少缺勤（Bantuveris，2013）。

把每项任务具体需要做什么阐述清楚。将“帮助清理班级花园”写在注册表中是远远不够的，家长需要知道这项任务具体需要做什么。比如，他们是否在某些时段必须在场，是否需要具备园艺经验，等等。要提供简明的志愿者任务描述。对所需物品，要写清物品的价格以及家长可以从哪里购买（比如，网址或者店名）。

遵守规定。了解你所在学校或地区的志愿服务条例，比如，志愿者是否需要在相关部门登记，非监护人是否可以做志愿者，等等。遵守这些规定并让你的志愿者也这样做。

抓住非常规时间。73% 的家长因工作的关系没有定期做志愿者（WeAreTeachers & Volunteer Spot，2013）。很多家长在工作日工作，所以志愿工作可以安排在业余时间。例如，家长可以为班级收集、分发资料，在家里完成任务（比如装订小册子）；为一项活动召集社区支持者或募捐；邀请孩子的同学到家里，一起辅导他们做家庭作业。

“志愿者站”创始人卡伦·班图威尔斯（Karen Bantuveris，2013）建议，像阅读圈一样进行志愿者轮班，这样家长就可以在上班之前提供帮助，周末帮忙打理学校花园；还可以让家长通过 Skype 或谷歌环聊给学生朗读或帮助学生，这样他们可以不必亲临现场。有些家长没有办法每周做一小时志愿工作，但很乐意每隔一个月一次性做 8 小时志愿工作，他们可以从假期中抽出一天，提供相同的志愿工作时间。

提供各种各样的机会。像管理计算机中心这样单一的志愿服务方式，并不适合所有家长。跳出思维定式，让家长可以在各个方面提供帮助。比如，70% 的家长指出他们很乐意捐赠教室用品，58% 的家长喜欢陪同孩子实地考察（WeAreTeachers & Volunteer Spot，2013）。家长希瑟（Heather）叙述了这样一件事，她女儿就读学校的一个家长没有办法做很多志愿工作，却让她的上司给学校捐了一年用的洗手液和纸巾（Edutopia & GreatSchools，2014)。给家长提供更多选择，会增加你获得家长帮助的机会。

> 有了孩子就像住在一个开联谊会的房子里——没人睡觉，所有东西都坏了，而且还有很多呕吐物。
>
> ——雷·罗马诺（Ray Romano）

让整个学校都参与进来

如果你可以让整个学校都参与进来，让成年人参与到你的课堂中就会变得更容易。

促进社区参与。只有社区重视教育，学校才能实现其目标（Waldron，2014）。要鼓励学校管理人员运用行之有效的方法来促进整个学校的社区参与。地区管理人员可以和当地图书馆或者其他机构协调，以获得整个地区的胜利，而学校管理人员可以争取特定社区的支持。

比如，学校或者地区可以举办一个竞赛。在竞赛中，每个市议会成员或每个当地企业主（两个重视好名声的群体）将挑战如何召集最多的社区代表参加社区成员会议。在会议上，大家分享需求，并且人们的参与情况会被记录下来。媒体可以到场宣传此次竞赛的获胜者。

促进家长参与。去问一些曾经不被问及的人要不要做志愿者是一件很难的事情。这样的窘况通常发生在中学阶段。然而，如果家长和社区参与是全校性运动，那么人们更有可能成为志愿者，并且为你提供更多的志愿服务时间。

应该鼓励管理人员去执行持续性的招募和支援工作。K-4 的技术辅导员凯文·贾勒特（Kevin Jarrett）所在学校为志愿者定期提供培训，参加培训的人很多，这为员工们提供了稳固的志愿者供应（Edutopia & GreatSchools，2014）。莱文（Levine，1993）提供了很多不会过时的想法，比如，培训公交车司机（最常见到家长的群体）作为家长志愿者的招募者，利用当地企业的捐赠来奖励家长们的志愿服务时间，选出每月“最佳父亲”或“最佳母亲”。

招募家长志愿者。家长和其他家庭成员是重点招募对象，但是方法必须有效。家长反映他们更喜欢教师在线或通过电子邮件告诉他们志愿服务机会，然而 64% 的教师通过邮寄传单和便条询问家长志愿服务之事（WeAreTeachers & Volunteer Spot，2013）。脸书（Facebook）似乎是家长最常用的社交媒体工具（Larkin，2015），然而这可能会随时间而改变。家长的偏好也可能有所不同（比如，某些社区上网受限），所以你需要询问家长的偏好，以确保你可以很好地联络他们。在“给教师的免费技术”的博客中（www.freetech4teachers.com），理查德·伯恩（Richard Byrne，2015）建议，把“提醒”（www.remind.com）或其他社交网络作为你向参与者传达消息的免费技术途径。使用多种方法有助于提高你的回复率。有关招募家长志愿者的更多方法，请参阅本章的“充分利用返校之夜和开放日”部分。

让家长参与家庭作业。尤里杰·哈鲁什卡（Yurij Halushka）建议布置要求家庭参与的作业，比如，与爸爸或妈妈一起做饭并且记录做饭步骤，或者就某个话题采访一个家庭成员（Edutopia & GreatSchools, 2014)。这既给他们提供了优质的亲子时间，又能提升家长对课堂的认识。你要给家长缺席的学生适当的选择，比如，如果家长不在身边，可以让其他指导者和孩子一起完成作业。

招募退休人员做志愿者。还有谁比拥有多年教学经验和足够的时间的退休教师更适合做志愿者？没有！

招募那些仍然想为教师职业做出贡献的退休教师。你或许会从你认识的退休教师开始询问，但是如果没有一个人愿意参与，就不要停留在那里。你可以请求学区内外的校长和可能有兴趣的退休教师联系。你也可以将你的需求发布到教育者论坛上，或者请一些组织或出版物帮助传达消息（请参阅“乏味”这一章和电子资源中列出的清单）。考虑你所在区域的老年组织和你所属的教师协会，然后打个电话给他们。如果你找到了一个乐于助人的志愿者，你寻找的时间将只是获得帮助的时间的一小部分。

和退休人员一起工作

有关如何运用退休人员的时间以及他们可能需要什么支持，请参阅“评分”这一章。

获得实习教师的帮助。有志成为教师的人往往充满活力、热情，而且具有教育教学知识。他们经常寻找实习机会，以提升自己，并满足他们所在机构对教学实习时间的要求。

> 实习让你在没有薪水烦恼的同时得到暑期工作的所有经验。
>
> ——斯蒂芬·科尔伯特（Stephen Colbert）

虽然你可能需要花时间指导实习教师，但他们提供帮助的时间总量（比如，编写和实施教学计划）

通常会超过你所花时间。我了解到有位实习教师教了整个暑期课程，而拿工资的那位教师从没有出现过（那位实习教师真的一次都没有和她的“导师”见过面，“导师”只留给她一箱教科书）。这种安排显然是不推荐的，或是不道德的。然而，它表明，实习教师可以成为相当称职的教师。在无指导教师的情况下，她毫无怨言地完成了整个暑期课程，并且她的学生在课堂上有所进步。

和管理者谈谈你想和一位实习教师一起工作的愿望。你和你们学校的管理者还可以与其他学校的管理者、地区管理者，以及提供教学计划的当地大学取得联系。

我吃惊地发现，在我答应校长和一位实习教师一起工作之前，我们学校的其他教师对此都说“不”。我无法想象要去拒绝额外的帮助，但很多教师会这么做。换言之，找到一位实习教师比人们想象的更容易。

和实习教师一起工作

关于如何运用实习教师的时间以及他们可能需要哪些支持，请参阅“评分”这一章。

跨越语言障碍的沟通

涅托（2015）在一本书中写道，玛丽·考依（Mary Cowhey）和家长合作创办了“力量之家”。这是一个为家长和监护人创办的团体。这些家长和监护人的母语不是英语，他们通常高中都没毕业，但他们现在成立了一个早间数学俱乐部，帮助25—40名学生，每周两次，每次一小时。当我在布埃纳帕克初级中学担任特殊任务的教师时，我们聘请了优质教育家长研究所（PIQE；www.piqe.org）用家长的母语（主要是西班牙语）与他们沟通。这个项目为期8周，目的是为家长提供教育知识支持，并让他们成为积极的志愿者。这些家长的毕业典礼上挤满了家庭成员，他们自豪得像大学毕业一样，其中许多家长只受过三年级教育。这些家长的参与度激增，学生在家里有了更有力的支持者。

鼓励管理部门实施一项计划，该计划针对那些母语不是英语的家长，并鼓励这些家长在学校里提供帮助。此外，确保你与家长和社区成员的所有沟通都被翻译成他们的母语，并且给非英语母语者提供用他们的母语与你沟通的方式（例如，提供当地翻译人员的联系方式，他们可以通过翻译人员来安排电话和会议）。

招募男士。男士往往不会像女士那样频繁地接触或期望得到参与机会。没有或者很少有男士参与学生的课堂教学，这对教师和学生来说是一种损失，会传递出关于性别角色的不良信息。如果你提供各种各样的志愿工作选项（例如，不是所有的爸爸都喜欢装饰情人节的横幅，也不是所有的妈妈都喜欢这种做），向家长表明你希望爸爸妈妈做出同样多的贡献，并且满怀热情地与爸爸接触，你就可以在赢得同行支持的同时提升家长的参与度。

鼓励学校举办家长工作坊。家长会每年只举行几次，而家长工作坊可以让家长不断地参与进来。例如，联邦路公立学校（Federal Way Public School）举办工作坊，让家长学习如何支持孩子的学业成就并在学校教育中支持他们（DeNisco，2016）。前面提到的 PIQE 是这样的项目的另一个例子。

在白天或晚上主办课程。美国一项涉及 17563 份答卷的全国性调查显示，家长（87%）参加普通学校会议或家长会的次数多于其他任何学校活动（Noel，Stark，& Redford，2015）。然而，其他学校活动或课堂活动同样具有吸引力。科珀、西纳尼斯（Copper & Sinanis，2016）

建议邀请家长和学生一起在学校里开展学习项目，或者举办一个“宾果之夜”(bingo night)，在游戏中穿插与课程相关的演示。这些活动增强了家长与学生之间的感情，改善了家校关系，并让家长直接参与了学生的学习过程。

帮助支付大学费用

当家长们知道这些资源可以帮助孩子支付大学费用时，他们对孩子学业的支持度就会提升：

- 联邦学生援助免费申请（FAFSA；https://fafsa.ed.gov）
- 微型奖学金平台“Raise.me”（www.raise.me）
- 专门针对奖学金的搜索引擎 Scholly（www.myscholly.com）

关注最重要的参与。卡斯特罗（Castro，2015）等人回顾了 5000 项研究，发现了 37 项显著的研究，涉及 80000 多个学生和家庭。家长的期望、对学校活动的讨论以及对阅读习惯的支持，对孩子的学业成就影响最大，远远超过督促孩子完成家庭作业和参与学校活动。因此，通过前三种方式争取家长支持的任何努力都是特别有效的。

家长的期望

在 6—12 年级的学生家长中，36% 的家长希望自己的孩子获得硕士学位，28% 的家长希望自己的孩子完成大学学业，17% 的家长希望自己的孩子进入大学，9% 的家长希望自己的孩子高中毕业就好，1% 的家长不希望自己的孩子完成高中学业（Noel，Stark，& Redford，2015）。

※ 避开家长的陷阱

有时候，尽管我们尽了最大的努力，与家长的交流却不愉快。采取积极主动的措施可以减轻对抗的痛苦，以及在家长报复你的时候保护你。根据你的实际情况选择合适的策略。

保留沟通记录。一些地区呼叫系统可以帮助你自动记录与家长的通话、电子邮件以及面对面的谈话。即使没有这样的工具，保留每一个通信记录也是至关重要的，这可能避免以后的麻烦。记下日期、时间、方式（例如，你拨打的电话号码）和便条（例如，给家长 A 留言说孩子扔铅笔并要求回电）。这些记录在开家长会时可以派上用场。此外，如果问题升级到开会讨论，可能需要管理者出席，这些记录将支持你的观点，让你显得专业，并且通常可以防止不公平的谈话（例如，家长声称未被告知孩子在班里长期存在的问题）。任何家长联系你时，你都要及时回复，即使对方建议进一步开会讨论，这同样对你有利。

使用家长所说的语言

25% 的学生的家庭语言不是英语（Nieto，2015）。传单、电话以及其他交流方式，应当用家长所说的语言。大多数地区有翻译人员提供帮助，学生和志愿者在很多情况下也可以帮助翻译。

用肯定反击否定。当家长反对你时，表扬往往会使他改变态度。擅长与难相处的家长打交道的教育专家艾伦·门德勒（Allen Mendler，2013）建议，用诸如此类的话来表达你对学生的关心以及对家长的尊重："我必须告诉你，你的孩子真的很幸运，有一个这样深切关心她的爸爸（妈妈），就像你今天这样生我的气……"你还要对这个孩子抱有很高的期望。这让你和家长站在了同一条战线上，并显示出你为孩子的最佳利益而努力的精神。96% 的学生说他们的父母关心他们的教育（QISA，2014），家长愿意和你谈话表明他想要给他的孩子最好的东西。在与家长沟通时，建议你多听少说。

打断不良沟通。如果谈话变得不愉快，比如，家长提高嗓音或侮辱你，你就不应该忍受这种敌意。这样做不仅对你有害，而且对各方而言都是浪费时间。高中历史教师戴维·卡特勒（David Cutler，2014）建议这样结束带有攻击性的谈话："我听说你心烦意乱，但我觉得和你在电话里交谈不是很舒服。我们应该面对面交谈，但也会有管理者在场。"然后将此事报告给部门负责人。让管理者参与进来，可以保护你免受不公正指责，提高下一次成功谈话的可能性。这样的会面安排也给了家长冷静的时间。一定要把你对事件的描述和相关证据提前交给管理者，以确保会面顺利进行。78% 的家长认可这样的观点：有时，家长会不公平地将本应由家长负责的问题归咎于学校（NBC News Education Nation，2015），所以家长可能在会面前改变想法。无论如何你都要做好准备。

战胜过多占用你时间的人。有些家长很友善，但过多地占用你的时间。他们频繁地联系你，要求你进行不合理的沟通或付出不合理的努力。首先，尽最大的努力让家长知道你重视他的投入，并正在为他的孩子努力工作。如果这些家长意识到你对他们置之不理，他们会变得更依赖你，甚至和你针锋相对。同时，你希望学生从家长的热情中获益。

另外，给家长介绍一些技术，这可以帮助你回答他们的问题。例如：

- 考试成绩？整体表现？查看在线家长门户网站的学生专用数据仪表盘。
- 接下来的作业是什么？如何复习备考？查看班级网页。

即使你所在学区不提供任何技术工具，你也可以使用许多免费的、强大的技术工具（参见“技术”一章）。精选的技术工具不仅可以帮你节省时间，还可以让家长在可能的情况下回答自己的问题。如果家长还不会使用这些工具，让家长联系学区的信息技术部门寻求帮助。

最后，向家长解释一下，虽然你很乐意回答主要的问题，但重要的是，你们每个人都应把时间花在直接帮助孩子的事情上。如果你把时间花在第二天的教学计划上，而不是谈论它，你可以更好地帮助孩子。如果家长辅导孩子，而不是谈论孩子需要更多的帮助，他就可以更好地帮助孩子。你可能需要重复这样的解释，直到家长做出改变。

定期与家长沟通。哈佛大学和布朗大学进行的一项研究（Kraft & Rogers，2015）涉及435名参加补修学分计划的高中生及其父母。家长每周收到关于如何提高孩子学习成绩的简短信息后，那些未能获得课程学分的学生减少了41%，家庭讨论的质量提高了，弃课率下降了近一半。你发送给家长的信息不必很长或耗费很多时间就能产生影响，从长远来看，这会使你的工作更轻松。如果你精通技术，那么www.mailchimp.com使用起来很方便。你可以同时向所有学生的家长发送信息，看起来就像你在与他们单独联系。你还可以更改信息和回收信息。“技术”一章描述了使沟通变得更容易的其他工具。

征求家长的反馈意见。你要寻找机会征求家长的反馈意见。这可以加强你和家长之间的联系，并表明你欢迎他们参与你的课堂。你可以非正式或正式地征求家长的反馈意见。

- 非正式的例子：当讨论特丝·蒂尔（Tess Tur）的不良行为时，问她的父母：“当特丝·蒂尔在家发脾气时，你发现最有效的方法是什么？”
- 正式的例子：在家长门户网站中添加一个问卷调查链接，以了解家长是否难以为家庭科学项目提供材料（请注意该调查是匿名的）。

使用积极的电子邮件方案定期与家长沟通。有些教师更喜欢通过电子邮件进行交流，因为它提供了清晰的交流记录，很容易查阅。有些教师发现打字浪费时间，认为打电话更快。卡特勒（Cutler，2014）认为，在电子邮件中语气和词义常常会被人误解，这会导致情绪的复杂化。确定哪种电子邮件使用方式可以帮你节省更多的时间，并将和家长的交流设置成你想要的格式。必要时（比如，当难以联系的家长只回复手机短信时），你可以打破这种方式。

下决心保持积极的心态。这可能很难，但从长远来看，会对你有帮助。门德勒（Mendler，2013）建议将家长视为被误导的支持者，他们会教给你一些东西。他指出，愤怒总比缺席好，因为这种愤怒是由帮助孩子的愿望激发的，而且如果他们相信你关心他们的孩子，几乎所有的家长都会和你合作。

> 有些人无论走到哪里都会带来快乐；有些人一旦离开哪里，哪里就会快乐起来。
>
> ——奥斯卡·王尔德（Oscar Wilde）

与家长分享学生的成就。不管一个学生总是表现良好还是曾经优秀，都值得告诉家长。然而，在一项针对 66314 名学生的调查中，只有 52% 的学生表示，老师让他们的父母知道他们表现好（QISA，2014）。虽然这需要花费额外的时间，但它可以让你沉浸在成功之中，也有助于学生成功，还让你更有可能获得家长志愿者的帮助，而所有这些都有助于你克服职业倦怠。其实做起来很简单，在学生离开教室前，你可以在纸上快速地写几句话（同时签上名字），让学生带给家长。

六年级英语教师凯奇亚·威廉斯（Kechia Williams，2016）认为，一些简单的事情，比如，“有布赖恩（Brian）在我的课堂上真是一件开心的事”，会让家长感到惊讶和喜悦。金伯利·帕尔苗托博士（Dr. Kimberley Palmiotto）建议，每天让一名学生带一张关于该学生的正面评论的便条给家长，并要求家长在便条的背面写一些关于该学生的正面评论，然后由该学生把便条带回班级（Edutopia & GreatSchools，2014）。

※ 积极宣传

虽然公众的看法似乎反复无常，但是你可以帮助局外人看到你和你的同事多么了不起。以下策略可以帮助你为教师做宣传，而“之味”这一章中的许多想法可以促进教师个人发展和专业发展。根据你的实际情况选择合适的策略。

着装得体。毫无疑问，你应该表现得专业（早点儿到开学典礼现场，保持房间整洁，准备好讲义，等等）。然而，教师往往不注重穿着。多项研究证实，穿西装会让你感觉更有力量（Slepian，Ferber，Gold，& Rutchick，2015），穿高档服装会让人们更容易与你合作（Nelissen & Meijers，2011）。

邀请媒体。我和一位名叫达娜·格利登（Dana Glidden）的了不起的科学教师一起工作。当她上一堂关于细胞结构的课时，她安排了一个当地的电视台来拍摄。由于没有得到家长的允许，我们让学生面朝前方，这样学生的脸就不会被拍下来，但是达娜的精彩表现却被晚间新闻生动地记录下来了。每个观看的人都能体会到达娜老师的教学技巧和价值。请联系当地的电视台和报社，邀请他们参加你的课堂活动。

邀请家长和社区成员观摩课堂活动。家长和社区成员成群结队地出现在学校戏剧演出、节日演唱会以及其他他们认为正式的活动中。邀请家长和社区成员观摩课堂活动。例如，当学生发表课堂演讲时，将其称为“学生演讲会”，请校长和学校董事会成员参加，并进行活动宣传，就好像这是人们不想错过的学校才艺表演。如果你觉得这样做负担很重，那么，这个建议就不适合你。

撰写、呈现和制作公关作品。现任教师可以联系“TEACH 资助项目”(www.teach.org)，成为一名训练有素的“TEACH 大使”，这涉及促进教师专业发展。美国教育部邀请教师参加一个有关其职业的全国性对话，教师可以了解未来的政策和计划。教师可以参与美国教育部的“RESPECT 项目”，或通过美国教育部的“教师领导力”倡议提升教师领导力。

“乏味”一章涵盖了与世界分享专业知识的其他方式，比如，为教育杂志撰写文章，举办研讨会。这些都是促进专业发展的好机会。你的评论要高度尊重教师职业，并且你的主题要与学校尽最大的努力帮助孩子的宗旨相适应。

鼓励管理部门发布公关作品。学校公共关系至关重要。当学校形象不佳时，表现较好的学生最终可能会选择其他学校，而不管学区如何划分。这使得学校环境对所有学生和教育者来说都更糟糕。让学校的管理者积极改善学校的形象，比如，与媒体分享学校的成绩，或者在学校教学责任报告卡中提及学校的努力（例如，课外 STEM 俱乐部）。作为专职老师，我制作了一本学校宣传册（强调成绩），校长把它放在学校大厅里，并巧妙地与当地的房地产公司分享。

〔思考练习〕

下列题目可以单独回答，也可以分组讨论。

1. 列出你将充分利用返校之夜和开放日来做的五件事。

A.______________________________

B.______________________________

C.______________________________

D.______________________________

E.______________________________

2. 列出你将充分利用家长会来做的五件事。

A.______________________________

B.______________________________

C.______________________________

D.______________________________

E.____

3. 描述一个全面而细致的计划，你将使用该计划招募很多成年人参与到你的课堂。要确保使用不同的时间表来吸引各种成年人。

____

____

____

____

____

____

4. 想象一下，有一位家长因你对待他的孩子的方式越来越生气。在做最坏打算的同时，你会做些什么来改善这种情况？

____

____

____

____

5. 想象一下，一位家长在电话里变得具有攻击性，对你大喊大叫，你会怎么做？

____

____

____

____

6. 你可以做些什么来与社区建立联系，让他人深入了解你在课堂上所做的事情，从而促进专业发展？

____

____

____

____

第六部分

总结

15 行动起来并坚持下去

即使面对逆境，你也要考虑给学生提供建议。也许你会说，“不要放弃，你可以做到的，要相信自己”，那么你自己就要相信你所说的，因为你也是如此。

抓住你最大的职业倦怠诱因，你要知道自己有更大的价值。小进步，成就大梦想。从你最擅长的策略开始，然后尽你所能尝试新的策略。

你是个教师，也是个英雄，你让这个世界变得更美好。

不要被身边的挑战和困难压垮，因为最了解如何做教师的人是教师。如果你有足够的勇气开启这份事业，那你就会有足够的勇气坚持下去。和谐与成功在等待着你。

> 在隆冬，我终于知道，我身上有一个不可战胜的夏天。
>
> ——阿尔贝·加缪（Albert Camus）

致 谢

回顾我的职业生涯，再也没有其他职位比“教师”更让我自豪。感谢我的同事让我从教学中学习到很多东西。我要向布埃纳帕克初级中学的全体教职工表达最诚挚的谢意，我甚至无法想象还能遇到比这更好的团队。我在奥兰治维初级中学（Orangeview Junior High School）、鞍峰谷联合学区（Saddleback Valley Unified School District）以及“启明教育”担任行政职务时，与教师们一起工作。在此过程中，我遇到了更多的奇迹创造者。我希望这些地区（以及使用“启明教育”产品的地区）的教师知道，这本书中提供的很多建议受到了他们的启发。我同样要向那些在每一章开头匿名倾诉自己想法的教师和校长表达谢意。他们的坦诚提醒我们，即使是最优秀的专业人士有时也会遇到困难。我更要向那些经验丰富的教师表达谢意，他们的智慧凝聚在本书的技巧和策略里，比如，杰出的玛丽·巴默、珍妮特·德雷尔、朱莉·杜德里奇、克里斯蒂娜·弗里德里克以及洛丽·斯莫克。我还要向那些评论和推荐这本书的教学明星们表达深深的感激之情。我非常感谢无可比拟的盖尔·汤普森博士（Dr. Gail Thompson）和鲁弗斯·汤普森（Rufus Thompson）的指导和帮助，还要感激卓越的合作伙伴玛吉·约翰逊博士持续的支持。还有，迈克尔·沃克（Michael Walker），谢谢你为我拍摄作者照片。我也要感谢巡回教师莉莉·马歇尔提供关于教师公共关系的绝妙点子和资源。当然，如果致谢里缺少了我英雄般的丈夫莱恩·兰金（Lane Rankin），那绝对是不完整的。莱恩曾获得加利福尼亚州年度教师奖，他致力于帮助学生去适应不同的职业角色。在这里，我也要感谢他扮演的丈夫角色。一如既往，我还要感谢我的孩子们：克莱德（Clyde）、扎克（Zach）、泰勒（Tyler）和派珀（Piper）。他们总是充满热情且从不怀疑我的努力。如果没有我的母亲南希·格兰特（Nancy Grant）的支持，我所有的努力都不会结出果实，我从来都不知道为何我能如此幸运地成为她的女儿。特别感谢“启明教育”团队的鼓励和支持。还要感谢非常优秀的编辑希瑟·杰罗（Heather Jarrow），我感到如此幸运，这位编辑为了我的书和劳特利奇（Routledge）出版社联系。我希望这里提及的每个人，都能知道我多么感谢他们的支持。

电子资源

本书中的一些资源可以从网上下载，请根据实际教学需求使用。请登录网站：www.routledge.com/products/9781138655478，然后点击“eResources”，即可选择你需要的文件，并将其直接下载到你的电脑上。

工具

- 鼓舞人心的音乐
- 为想成为教师的人准备的思考练习
- 感恩教师的名言警句
- 教室环境颜色表
- 用于差异化教学和合作学习的课桌标签
- 合作式课程计划表
- 出版物、组织及其他学习资源
- 谷歌搜索小贴士
- 技术：帮助你组织的工具
- 技术：帮助你沟通的工具
- 技术：使用网络摄像头对作业和测试进行评分
- 技术：使用在线系统对作业和测试进行评分

- 技术：使用答题器做非正式和正式测试
- 技术：运用课程管理系统和课程库
- 技术：运用工具辅助课堂管理
- 技术：使用推特

参考文献

Alber, R. (2010, January 5). Tactics for tackling the grading dilemma. *Edutopia*. Retrieved from http://www.edutopia.org/ grading-dilemma-strategies-tactics

Alkhateeb, O., Kraishan, O. M., & Salah, R. O. (2015, May 27). Level of psychological burn-out of a sample of secondary phase teachers in Ma'an Governorate and its relationship with some other variables. *International Education Studies*, 8(6), 56–68. doi: 10.5539/ies. v8n6p56

American Federation of Teachers. (2015). *Quality of worklife survey*. Retrieved from http://www.aft.org/sites/default/files/worklifesurveyresults2015.pdf

ASCD. (2015, April). Tell me about··· Good ways to communicate with teachers. *Educational Leadership*, 72(7), 93–94. Alexandria, VA: ASCD.

Bantuveris, K. (2013, September 13). 5 tips for engaging parent volunteers in the classroom. *Edutopia*. Retrieved from http://www.edutopia.org/blog/strategies-for-engaging-parent-volunteers-karen-bantuveris

Barrett, P., Zhang, Y., Davies, F., & Barrett, L. (2015, February). *Summary report of the HEAD Project: Clever classrooms (holistic evidence and design)*. Manchester: University of Salford. Retrieved from http:// www.salford.ac.uk/news/well-designed-classrooms-can-boost-learning-progress-in-primary-school-pupils-by-up-to-16-in-a-single-year,-research-reveals

Bas, G. (2011). Teactler student control ideology and burnout: Their correlation. *Australian Journal of Teacher Education*, 36(4), Article 6.

Bergland, C. (2012, December 29). The neuroscience of music, mindset, and motivation: Simple ways you can use music to create changes in mindset and behavior. *Psychology Today* and *the Athlete's Way*. Retrieved from https://www.psychologytoday.com/blog/the-athletes-way/201212/the-neuroscience-music-mindset-and-motivation

Bhaskar, S. (2013, October 11). What it takes to make a hesitant teacher use technology? *EdTechReview*. Retrieved from http://edtechreview.in/news/news/trends-insights/insights/624-how-to-make-a-hesitant-teacher-use-technology

Bill and Melinda Gates Foundation. (2012). *Innovation in education: Technology and effective teaching in the U.S*. Retrieved from https://edsurge.s3.amazonaws.com/public/BMGF_Innovation_In_Education.pdf

Bill and Melinda Gates Foundation. (2014). *Primary sources: America's teachers on teaching in an era of change: A project of Scholastic and the Bill and Melinda Gates Foundation* (3rd ed.). Retrieved from http://www.scholastic.com/primarysources/download-the-full-report.htm

Bill and Melinda Gates Foundation. (2015). *Teachers know best: What teachers want from digital instructional tools 2.0*. Retrieved from http://collegeready.gatesfoundation.org/wp-content/uploads/2015/11/TeacherKnowBest-2.0.pdf

Breaux, A. (2015). Ten things master teachers do. *ASCD Express*, 10(23), 1–2. Retrieved from http://www.ascd.org/ascd-express/vol10/1023-breaux.aspx?utm_source=ascdexpress& utm_medium=email&utm_campaign=Express-11–08

Byrne, R. (2015, June 18). How to get your school announcements to as many people as possible. *Free Technology for Teachers*. Retrieved from http://www.freetech4teachers. com/2015/06/how-to-get-your-school-announcements-to.html?utm_source=Edsurge Teachers&utm_campaign=af0dda9d1b-Instruct+182&utm_medium=email&utm_term=0_3d103d3ffb-af0dda9d1b-292335873#.VcOQ4JNViko

Cameron, K. (2014, November 14). 5 ways to take the grind out of grading papers. *Classroom 2.0*. Retrieved from http://www.classroom20.com/forum/topics/5-ways-to-take-the-grind-out-of-grading-papers-1

Cano-Garcia, F. J., Padilla-Muñoz, E. M., & Carrasco-Ortiz, M. A. (2004, September 11). Personality and contextual variables in teacher burnout. *Personality and Individual Differences*, 38, 929–940. doi: 10.1016/ j.paid. 2004.06.018

Castro, M., Expósito-Casas, E., López-Martín, E., Lizasoain, L., Navarro-Asencio, E., & Gaviria, J. L. (2015, February). Parental involvement on student academic achievement: A meta-analysis. *Educational Research Review,* 14, 33–46. doi: 10.1016/j.edurev. 2015.01.002

Chartock, J., & Wiener, R. (2014, November 13). How to save teachers from burning out, dropping out and other hazards of experience. *The Hechinger Report*. Retrieved from http://hechingerreport.org/content/can-keep-great-teachers-engaged-effective-settle-careers_18026/

Chesser, L. (2014, March 18). 25 tricks to stop teacher burnout. *InformED*.

Retrieved from http://www.opencolleges.edu.au/informed/features/25-tricks-to-stop-teacher-burnout/#ixzz31i2ITdLO

Cooney, G. M., Dwan, K., Greig, C. A., Lawlor, D. A., Rimer, J., Waugh, F. R., McMurdo,M., & Mead, G. E. (2013). Exercise for depression. *Cochrane Database of Systematic Reviews*, 2013(9), 73–157. doi: 10.1002/14651858.CD004366

Cooper, R., & Sinanis, T. (2016, January 13). Five ways to build your school's instructional brand and connect with families. *EdSurge*. Retrieved from https://www.edsurge.com/news/2016-01-13-five-ways-to-build-your-school-s-instructional-brand-and-connect-with-families

Corcoran, B. (2012, September 27). Deanna Jump's ten tips to make a million bucks. *EdSurge*. Retrieved from https://www.edsurge.com/n/deanna-jump-s-ten-tips-to-make-a-million-bucks

Cutler, D. (2014, March 21). 8 tips for reaching out to parents. *Edutopia*. Retrieved from http://www.edutopia.org/blog/tips-reaching-out-to-parents-david-cutler

Darling-Hammond, L. (2014, June 30). To close the achievement gap, we need to close the teaching gap. *Huffington Post*. Retrieved from http://www.huffingtonpost.com/linda- darlinghammond/to-close-the-achievement_b_5542614.html

Davis, V. (2014, May 20). 12 choices to help you step back from burnout. *Edutopia*. Retrieved from http://www.edutopia.org/blog/12-choices-step-back-from-burnout-vicki-davis?utm_source=SilverpopMailing&utm_medium=email&utm_campaign=022515%20enews-A%20sm%20gm&utm_content=&utm_term=blog1&spMailingID=10733072&spUserID=MzgwNjgyODYwNjUS1&spJobID=481863955&spReportld=NDgxODYzOTU1S0

Delisio, E. R. (2015, March 23). Autoimmune diseases hit teachers hard. *Education World*.Retrieved from http://www.educationworld.com/a_issues/issues/issues227.shtml

Demir, A., Ulusoy, M., & Ulusoy, M. F. (2003). Investigation of factors influencing burnout levels in the professional and private lives of nurses. *International Journal of Nursing Studies,* 40(8), 807–827.

DeNisco, A. (2016, February). Districts work to bolster parent involvement. *District Administration*. Retrieved from http://www.districtadministration.com/article/districts-work-bolster-parent-involvement

Dweck, C. (2007), *Mindset: The new psychology of success*. New York, NY: Ballantine Books.

Eby, L. T., Durleya, J. R., Evansa, S. C., & Raginsb, B. R. (2006, January). The relationship between short-term mentoring benefits and long-term mentor outcomes. *Journal of Vocational Behavior,* 69(3), 424–444. Amsterdam, Netherlands: Elsevier.

Education Evolving. (2014). *Teacher-powered schools: Generating lasting impact through common sense innovation.* Retrieved from http:// www.teacherpowered.org/files/Teacher-Powered-Schools-Whitepaper.pdf

Edutopia, & GreatSchools. (2014, May 1). 19 proven tips for getting parents involved at school. *Edutopia.* Retrieved from http://www.edutopia.org/groups/classroom-management/783266

Eidelman, S., Pattershall, J., & Crandall, C. S. (2010, November). Longer is better. *Journal of Experimental Social Psychology,* 46(6), 993–998. Amsterdam, Netherlands: Elsevier. doi: 10.1016/j.jesp.2010.07.008

Elias, M. (2015, March 23). Teacher burnout: What are the warning signs? *Edutopia.* Retrieved from http://www.edutopia.org/blog/teacher-burnout-warning-signs-maurice-elias?utm_content=buffer4b919&utm_medium=social&utm_source=facebook.com&utm_campaign=buffer

Espeland, K. E. (2006). Overcoming burnout: How to revitalize your career. *The Journal of Continuing Education in Nursing,* 37(4), 178–184.

Fey, T. (2011). *Bossypants.* New York, NY: Reagon Arthur Books.

Gehlbach, H., Brinkworth, M. E., Hsu, L., King, A., Mcintyre, J., & Rogers, T. (2016, Feb-ruary 15). Creating birds of similar feathers: Leveraging similarity to improve teacher-student relationships and academic achievement. *Journal of Educational Psychology*, 2/15, 1-12.

Gelman, G. (2015, February). Art of living: The best advice I ever got. *Readers Digest,* 185(1107), 41–47. White Plains: NY: The Readers Digest Association.

Glasser, W. (1992). The quality school. *Phi Delta Kappan*, 73(9), 690–694. Bloomington, IN: ProQuest Periodical 1761291.

Gomes, P. (2015, November 18). A marketplace for teachers to sell, share and shine. *EdSurge.* Retrieved from http://www.edsurge.com/news/2015–11–18-a-marketplace-for-teachers-to-sell-and-shine

Gray, L., & Taie, S. (2015). *Public school teacher attrition and mobility in the first five years: Results from the first through fifth waves of the 2007–08.* Beginning Teacher Longitudinal Study (NCES 2015–337). U.S. Department of Education. Washington, DC: National Center for Education Statistics. Retrieved from http://nces.ed.gov/pubs2015/2015337.pdf

Guiney, H., & Machado, L. (2013). Benefits of regular aerobic exercise for executive functioning in healthy p opulations. *Psychonomic Bulletin & Review*, 20(1), 73–86. doi:10.3758/ s13423-012-0345-4

Harvard Family Research Project. (2010, October). *Parent teacher conference tip sheets for principals, teachers, and parents*. Retrieved from http://www.hfrp.org/var/hfrp/storage/fckeditor/File/Parent-Teacher-ConferenceTipSheet-100610.pdf

Hattie, J. A. C. (2009). *Visibly learning from reports: The validity of score reports*. Paper presented at the annual meeting of the National Council for Measurement in Education (NCME). New York, NY: Routledge Taylor & Francis Group.

Haynes, M. (2014, July). On the path to equity: Improving the effectiveness of beginning teachers. *Alliance for Excellence*. Retrieved from http://all4ed.org/reports-factsheets/ path-to-equity/

Heilman, M. E., & Chen, J. J. (2005, May). Same behavior, different consequences: Reactions to men's and women's altruistic citizenship behavior. *Journal of Applied Psychology*, 90(3), 431–441.

Heitin, L. (2015). Most math curricula found to be out of sync with Common Core. *Education Week*. Retrieved from http://www.edweek.org/ew/articles/2015/03/04/most-math-curricula-found-to-be-out.html?cmp=ENL-CM-NEWS1

Herman, E. (2014, July 25). Teachers can't be effective without professional working conditions. *Gatsby in LA*. Retrieved from https://gatsbyinla.wordpress.com/2014/07/25/ lesson-4-teachers-cant-be-effective-without-professional-working-conditions/

Hess, F. M. (2015a). *The cage-busting teacher*. Cambridge, MA: Harvard Education Press.

Hess, F. M. (2015b, April). Speaking up for better schools. *Education Week*, 72(7), 54–58.

Inandi, Y., & Buyukozkan, A. S. (2013). The effect of organizational citizenship behaviours of primary school teachers on their burnout. *Educational Sciences: Theory and Practice*, 13(3), 1545–1550.

Ingersoll, R. M. (2012, May 16). Beginning teacher induction: What the data tell us: Induction is an education reform whose time has come. *Education Week*. Retrieved from http://www.edweek.org/ew/articles/2012/05/16/kappan_ingersoll.h31.html?tkn=MTNF24nJQybOEmGq0BEBYEdXQnGRz0lpZatI&print=1#

Ingersoll, R. M., Merrill, L., & Stuckey, D. (2014). *Seven trends: The transformation of the teaching force, updated April 2014*. CPRE Report (#RR-80). Philadelphia: Consortium for Policy Research in Education, University of Pennsylvania.

Jago, C. (2005). *Papers, papers, papers: An English teacher's survival guide*. Portsmouth, NH: Heinemann.

Jolley, J. (2015, August 13). Students advise new teachers: From structure comes freedom. *ASCD Express*, 13, 1-2.

Kerby, M. (2014, June 19). Running dry in the classroom. *Edutopia*. Retrieved from http://www.edutopia.org/discussion/running-dry-c1assroom

Kohn, A. (2006). *Beyond discipline: From complience to community*. Alexandria, VA: ASCD.

Koruklu, N., Feyzioglu, B., Ozenoglu-kiremit, H., & Aladag, E. (2012). Teachers' burnout levels in terms of some variables. *Educational Sciences: Theory and Practice*, 12(3), 1823–1830.

Kraft, M. A., & Rogers, T. (2015, April 20). The underutilized potential of teacher-to-parent communication: Evidence from a field experiment. *Economics of Education Review*, 47, 49–63.

Krantz-Kent, R. (2008, March). Teachers' work patterns: When, where, and how much do U.S. teachers work? *Monthly Labor Review*, 52– 59. Washington, DC: U.S. Department of Labor, Bureau of Labor Statistics.

Lacy, S. (2013, July 8). Lessons from the first millionaire online teacher. *Pandodaily*. Retrieved from http://pando.com/2013/07/08/lessons-from-the-first-millionaire-online-teacher/

Larkin, P. (2015, April). Say it with social media. *Educational Leadership*, 72(7), 66–69. Alexandria, VA: ASCD.

Lencioni, P. (2002). *The five dysfunctions of a team: A leadership fable*. San Francisco, CA: Jossey-Bass.

Levine, J. A. (1993), *Getting men involved: Strategies for early childhood programs*. New York, NY: Scholastic Inc.

Maslach, C., & Leiter, M. P. (2008). Early predictors of job burnout and engagement. *Journal of Applied Psychology*. 93(3), 498–512. doi: 10.1037/0021–9010.93.3.498

McClure, C. T. (2008, September). The benefits of teacher collaboration: Essentials on education data and research analysis. *District Administration*. Retrieved from http://www. districtadministration.com/article/benefits-teacher-collaboration

McMains, S., & Kastner, S. (2011, January 2). Interactions of top-down and bottom-up mechanisms in human visual cortex. *The Journal of Neuroscience*, 31(2), 587– 597. doi: 10.1523/JNEUROSCI. 3766– 10.2011

Mendler, A. (2013, April 26). Rethinking difficult parents. *Edutopia*. Retrieved from http://www.edutopia.org/blog/rethinking-difficult-parents-allen mendler

Merriam-Webster. (2015). *Dictionary: Burnout*. Retrieved from http://www. merriam-webster. com/dictionary/burnout

Metropolitan Life Insurance Company. (2013). *MetLife survey of the American teacher: Challenges for school leadership*. New York, NY: Author and Peanuts Worldwide.

Morrison, M. (2015, January 27). An invitation to inspiring learning spaces. *Tech & Learning*. Retrieved from http://www.techlearning.com/contests/0007/an-invitation-to-inspiring-learning-spaces/ 68985

National Union of Teachers. (2013, January 2). *Teacher survey shows government going in wrong direction*. Retrieved from http://www.teachers.org.uk/ node/17250

Nazareno, L. (2015, April 22). Transforming teaching and learning: 7 steps toward creating a "teacher-powered" school. *Education Week*. Retrieved from http://www.edweek.org/tm/articles/2015/04/22/transforming-teaching-and-learning-7-steps-toward.html? cmp = ENL-TU-NEWS2#

NBC News Education Nation. (2015). *Parent toolkit: State of parenting: A snapshot of today's families: A national survey of parents for NBC News*. Retrieved from http://www.parent toolkit.com/files/ParentingPoll_PrintedReport.pdf

Nelissen, R. M. A., & Meijers, M. H. C. (2011, September). Social benefits of luxury brands as costly signals of wealth and status. *Evolution and Human Behavior*, 32(5), 343–355. doi: 10.1016/j.evolhumbehav.2010.12.002

Neufeldnov, S. (2014, November 10). Can a teacher be too dedicated? *The Atlantic*. Retrieved from http://m.theatlantic.com/national/archive/ 2014/11/can-a-teacher-be-too-dedicated/382563/?single_page=true

Nieto, S. (2015, March). Still teaching in spite of it all. *Educational Leadership*, 72(6), 54–59. Alexandria, VA: ASCD.

Noel, A., Stark, P., & Redford, J. (2015). *Parent and family involvement in education, from the National Household Education Surveys Program of 2012*. NCES 2013–028.REV. National Center for Education Statistics, Institute of Education Sciences, U.S. Department of Edu-cation. Washington, DC. Retrieved from http://

nces.ed.gov/pubsearch

Northwest Evaluation Association (NWEA). (2014). *Make assessment matter: Students and educators want tests that support learning*. Portland, OR: Author.

O'Dell, J. (2013, June 18). Udemy: Our top 10 instructors together made $5M. *Venture Beat*. Retrieved from http://venturebeat.com/2013/06/18/udemy-teachers-money/

O'Hanlon, L. H. (2013, March 14). Designing better PD models. *Education Week*, 32(25), 16–17.

Oumanski, P. (2015, June). 43 ways you're not really helping. *Real Simple*, 16(6), 142–149.

OWP/P Cannon Design & Mau, B. (2010). *The third teacher*. New York, NY: Abrams.

Pappalardo, G. (2011). Engaging parents: An elementary teacher's field guide. *Edutopia*. Retrieved from http://www.edutopia.org/blog/parent-involvement-student-engagement- gaetan-pappalardo

Passarella, E. (2015). Do kids really need homework? *Real Simple*, 11, 150–151.

Perlman, K. (2013, January 30). The often overlooked but invaluable benefits of mentorship.*Forbes*. Retrieved from http://www.forbes.com/sites/johnkotter/2013/01/30/the-often-overlooked-but-invaluable-benefits-of-mentorship/

Piehler, C. (2014, March 10). Survey finds 50 percent of K–12 teachers get inadequate support for using technology in the classroom. *The Journal*. Retrieved from http://thejournal.com/articles/2014/03/10/digedu-survey-results.aspx

Pinelli, P. (2015, April 2). 6 reasons it's important to create your own online assessments. *eSchool News*. Retrieved from http://www.eschoolnews.com/2015/04/02/creating-online- assessments-431/? ps = drjrankin@ gmail.com-001a000001JOTLm-003a000001g6MmL

Provenzano, N. (2014, October 8). Conferencetime: Chatting with parents. *Edutopia*. Retrieved http://www.edutopia.org/blog/conference-time-chatting-with-parents-nick-provenzano

Puig, A., Baggs, A., Mixon, K., Park, Y. M., Kim, B. Y., & Lee, S. M. (2012). Relationship between job burnout and personal wellness in mental health professionals. *Journal of Employment Counseling,* 49, 98–109.

QuagliaInstituteforStudentAspirations. (2014). *Myvoicenationalstudentrepo rt2014*. Retrieved from http://www.qisa.org/dmsView/My_Voice_2013-2014_

National_Report_8_25

Rauhala, J. (2015, April 16). Don't quit: 5 strategies for recovering after your worst day teaching. *Edutopia*. Retrieved from http://www.edutopia.org/blog/strategies-recovering-worst-day-teaching-johanna-rauhala

Reid, K. S. (2014, May 2). Survey: Most teachers want involved parents but don't have them. *Education Week*. Retrieved from http://blogs.edweek.org/edweek/parentsandthe public/2014/05/survey_finds_most_teachers_want_parents_in_their_classrooms. html?cmp=ENL-EU-NEWS3

Riggs, L. (2013, October 18). Why do teachers quit? And why do they stay? *The Atlantic*. Retrieved from http://www.theatlantic.com/education/archive/2013/10/why-do-teachers-quit/280699/

Roseman, J. E., & Koppal, M. (2015, January). Aligned or not? *Educational Leadership*, 72(4), 24–27. Alexandria, VA: ASCD.

Sandberg, S., & Grant, A. (2015, February 6). Madam C. E. O., get me a coffee. *The New York Times*. Retrieved from http://www.nytimes.com/2015/02/08/opinion/sunday/sheryl-sandberg-and-adam-grant-on-women-doing-office-housework.html

Saumell, V. (2014, May 30). *Avoiding teacher burnout*. British Council and BBC. Retrieved from https://www.teachingenglish.org.uk/blogs/vickys16/vicky-saumell-avoiding-teacher-burnout?utm_source=facebook-teachingenglish&utm_medium=wallpost&utm_campaign=bc-teachingenglish-facebook

Schaufeli, W. B., Leiter, M.P.,& Maslach,C.(2009).Burnout: 35 years of research and practice. *Career Development International,* 14(3), 204–220. doi: 10.1108/13620430910966406

Schoenfeld, T. J., Rada, P., Pieruzzini, P. R., Hsueh, B., & Gould, E. (2013, May 1). Physical exercise prevents stress-induced activation of granule neurons and enhances local inhibitory mechanisms in the dentate gyrus. *The Journal of Neuroscience,* 33(18), 7770–7777. doi: 10.1523/JNEUROSCI.5352-12.2013

Schreiber, D. (2014, March 25). How to scale yourself and get more done than you thought possible. *Zapier*. Retrieved from https://zapier.com/blog/scale-yourself-scott-hanselman/

Schwartz, T. (2010). *The way we're working isn't working: The four forgotten needs that energize*. New York, NY: Free Press.

Seidel, A. (2014). The teacher dropout crisis. *NPR*. Retrieved from http://www.npr.org/blogs/ed/2014/07/18/332343240/the-teacher-dropout-crisis?utm_campaign=storyshare&utm_source=twitter.com&utm_medium=social

Shukla, A., & Trivedi, T. (2008). Burnout in Indian teachers. *Asia Pacific Education Review*, 9(3), 320–334. Education Research Institute.

Skovholt, T. M., & Trotter-Mathison, M. J. (2011). *The resilient practitioner: Burnout prevention and self-care strategies for counselors, therapists, teachers, and health professionals* (2nd ed.). New York, NY: Routledge, Taylor and Francis Group, LLC.

Sledge, N. (2016). *Keeping high school parents involved & informed.* Retrieved from http://www.scholastic.com/teachers/article/keeping-high-school-parents-involved-informed

Slepian, M. L., Ferber, S. N., Gold, J, M., & Rutchick, A. M. (2015, August). The cognitive consequences of formal clothing. *Social Psychological and Personality Science*, 6(6), 661–668. doi: 10.1177/1948550615579462

Smith, J. C. (2013, February). Effects of emotional exposure on state anxiety after acute exercise. *Medicine and Science in Sports and Exercise,* 45(2), 372–378. doi: 10.1249/MSS.0b013e31826d5ce5

Sparks, D. (2013). Strong teams, strong schools: Teacher-to-teacher collaboration creates synergy that benefits students. *JSD*, 34(2), 28–30. Learning Forward. Retrieved from http:// learningforward.org/docs/default-source/jsd-april-2013/sparks342.pdf

Staff and Wire Services Report. (2013, July 25). Infographic: Teachers and administrators want more classroom technology. *eSchool News*. Retrieved from http://www.eschoolnews. com/2013/07/25/infographic-teachers-and-administrators-want-moreclassroom-technology

Stanley,J. (2014, October 13). How unsustainable workloads are destroying the quality of teaching. *Schools Week.* Retrieved from http://schoolsweek.co.uk/how-unsustainable-workloads-are-destroying-the-quality-of-teaching

Strathman, B. (2015, April). Making team differences work. *Educational Leadership,* 72(7), 60–64. Alexandria, VA: ASCD.

Strauss, V. (2014, December 12). Teacher: The day I knew for sure I was burned out. *The Washington Post*. Retrieved from http://www.washingtonpost. com/blogs/answer-sheet/wp/2014/12/12/teacher-the-day-i-knew-for-sure-i-was-burned-out/?utm_content= buffer993c8&utm_medium=social&utm_source=twitter.com&utm_campaign=buffer

Thomas, C. H., & Lankau, M. J. (2009). Preventing burnout: The effects of LMX and mentoring on socialization, role stress, and burnout. *Human Resource Management,* 48(3), 417–432.

Thompson, M. (2015, August 24). Teacher collaboration: Matching complementary strengths. *Edutopia*. Retrieved from http://www.edutopia.org/practice/teacher-collaboration-matching-complementary-strengths?qt-stw_practice=1 #

TNTP. (2015, August 4). *The mirage: Confronting the hard truth about our quest for teacher development.* Retrieved from http://tntp.org/publications/view/evaluation-and-development/the-mirage-confronting-the-truth-about-our-quest-for-teacher-development? utm_source = Edsurge Teachers&utm_campaign = af0dda9d1b-Instruct + 182& utm_medium = email& utm_term = 0_3d103d3ffb-af0dda9d1b-292335873

Torgovnick, K. (2012, October 1). Some examples of how power posing can actually boost your confidence. *TED Blog*. Retrieved from http:// blog.ted.com/10-examples-of-how-power-posing-can-work-to-boost-your-confidence

University of Phoenix. (2015, May 4). *K–12 teachers rate the ability to affect students, lifelong learning opportunities and the variety that exists in the field as top reasons to join the profession, finds University of Phoenix survey.* Retrieved from http://www.phoenix.edu/news/ releases/2015/05/top-reasons-to-join-the-education-profession.html

Van Hook, M. P., & Rothenberg, M. (2009). Quality of life and compassion satisfaction/fatigue and burnout in child welfare workers: A study of the child welfare workers in community based care organizations in central Florida. *Social Work and Christianity*, 36(1), 36–54.

Waldron, J. (2014, June 12). A teacher's tough decision to leave the classroom. *News Leader*. Retrieved from http://www.newsleader.com/story/opinion/columnists/2014/06/07/teachers-tough-decision-leave-classroom/10170567

Warren, F. (2014, May 29). Teacher burnout is real 4 ways to avoid it. *The Huffington Post*. Retrieved from http://www.huffingtonpost.com/franchesca-warren/teacher- burnout_b_5401551.html

WeAreTeachers & Volunteer Spot. (2013). *Parent volunteers in the classroom.* Retrieved from http://www.volunteerspot.com/Parents-Volunteer-In-The-Classroom

Williams, K. (2016). *9 techniques for building solid parent-teacher relationships.* Retrieved from http://www.scholastic.com/teachers/article/9-techniques-building-solid- parent-teacher-relationships

Wilson, M. B. (2011). Tips for new teachers: Making the most of parent-teacher conferences. *ASCD Express*, 6(12), 1–2. Alexandra, VA: ASCD.

Wong, H. K., & Wong, R. T. (2009). *The first days of school: How to be an effective teacher.* Mountain View, CA: Harry K. Wong Publications.

YouGov. (2015). *Poll results: Teachers*. Retrieved from https://today.yougov.com/news/2015/05/01/poll-results-teachers

Zubrzycki, J. (2014, December 17). *Denver public schools "back to the drawing board" in search for common core-aligned curriculum*. Retrieved from http://co.chalkbeat.org/2014/12/17/denver-public-schools-back-to-the-drawing-board-in-search-for-common-core-aligned-curriculum/#.VP3g2_nF-So

Zunklewicz, K. (2014). You had my number. In *Languages for Learning*, 8-13. Fishman Prize. Brooklyn, NY: TNTP.

First Aid for Teacher Burnout: How You Can Find Peace and Success by Jenny Grant Rankin
ISBN: 9781138655478

图书在版编目（CIP）数据

著作权合同登记号
图字：01-2018-0161 号

教师的急救箱：迅速消除你的职业倦怠 /（美）珍妮・格兰特・兰金著；杨博雅译. — 北京：中国人民大学出版社，2020.8

书名原文：First Aid for Teacher Burnout: How You Can Find Peace and Success

ISBN 978 - 7 - 300 - 28403 - 3

Ⅰ.①教… Ⅱ.①珍… ②杨… Ⅲ.① 师资培养 Ⅳ.① G650

中国版本图书馆CIP数据核字（2020）第126506号

教师的急救箱：迅速消除你的职业倦怠

（美）珍妮・格兰特・兰金 著　杨博雅 译

Jiaoshi de Jijiuxiang：Xunsu Xiaochu Ni de Zhiye Juandai

出版发行	中国人民大学出版社		
社　址	北京中关村大街31号	邮政编码	100080
电　话	010 - 62511242（总编室）		010 - 62511770（质管部）
	010 - 82501766（邮购部）		010 - 62514148（门市部）
	010 - 62515195（发行公司）		010 - 62515275（盗版举报）
网　址	http://www.crup.com.cn		
经　销	新华书店		
印　刷	北京华宇信诺印刷有限公司		
开　本	168 mm × 239 mm　16开本	版　次	2020 年 8 月第 1 版
印　张	14　插页1	印　次	2021 年 12 月第 2 次印刷
字　数	190 000	定　价	58.00 元
